THINK TANK
智库论策

汇率波动与异质性企业出口行为研究

Research on Exchange Rate Fluctuations and
Export Behavior of Heterogeneous Firms

陈陶然 著

上海社会科学院出版社
SHANGHAI ACADEMY OF SOCIAL SCIENCES PRESS

目　录

第一章　绪论 ··· 1
　一、研究背景 ·· 1
　二、研究目的及意义 ·· 3
　三、研究方法 ·· 3
　四、创新及不足之处 ·· 4
　五、本书结构安排 ··· 5

第二章　汇率波动与异质性企业：文献综述 ································· 8
　一、汇率—贸易理论回顾 ·· 9
　二、异质性企业出口行为研究回顾 ·· 18
　三、汇率波动对于中国对外贸易的影响研究回顾 ······················ 22
　四、本章小结 ·· 24

第三章　人民币汇率历次调整与对外贸易的历史沿革 ················ 26
　一、汇率制度与外贸发展的概述 ·· 27
　二、改革开放以前的汇率调节与进出口贸易 ···························· 28
　三、改革开放以来的汇率调节与进出口贸易 ···························· 32
　四、社会主义市场经济时期的汇率调节与进出口贸易 ··············· 35
　五、本章小结 ·· 41

第四章　汇率波动与异质性企业：理论框架 ······························· 42
　一、汇率波动与出口行为 ·· 45

二、汇率波动与产品质量 ·································· 54
　　三、汇率波动与产品种类 ·································· 55
　　四、本章小结 ·· 57

第五章　异质性企业单位出口价格与规模实证分析 ·············· 58
　　一、数据来源及指标测度 ·································· 59
　　二、人民币汇率波动与异质性企业单位出口价格分析 ·········· 72
　　三、人民币汇率波动与异质性企业出口量分析 ················ 84
　　四、人民币汇率波动与异质性企业出口额 ···················· 94
　　五、人民币汇率波动与产品质量 ···························· 98
　　六、本章小结 ··· 101

第六章　异质性企业进入退出、产品种类与总出口实证分析 ······ 104
　　一、人民币汇率波动与异质性企业进入退出 ················· 105
　　二、人民币汇率波动与异质性企业产品多元化 ··············· 118
　　三、人民币汇率波动与总出口 ····························· 127
　　四、本章小结 ··· 130

第七章　结论与政策建议 ··································· 132
　　一、主要结论 ··· 132
　　二、研究结论赋予的政策建议 ····························· 133

参考文献 ·· 135

后　记 ·· 144

第一章 绪 论

一、研究背景

现代经济学的孕育可以追溯到重商主义者关于财富来源及国际贸易行为的分析与探讨,而当代社会经济的不断发展也离不开最初的生产分工行为向海外市场的逐步开拓。国际贸易无论是在理论上还是在现实中都扮演着至关重要的角色。国际贸易理论的发展大致经历了由宏观层面到微观层面、由国家行为到企业行为、由总量分析到个体分析这样一个发展演变的过程,依次经历了从古典贸易理论、新古典贸易理论、新贸易理论直到当下学术界讨论最多的新—新贸易理论(New-New Trade Theory)的发展轨迹。作为新—新贸易理论的重要一支,异质性企业理论(Theory of Heterogeneous Firms)是以微观企业行为差异为着眼点,分析市场参与主体对于加总出口的影响。早期的研究往往将企业视为同质的"黑匣子",直到20世纪90年代理论界才开始关注到企业及产品之间差异化的存在。也正是由于企业之间存在诸多不同,导致了企业的进入退出决策及生产销售行为的差异化,这种差异化及企业的自我选择效应(Self-selection Effect)使得资源得以在全球范围内进行更加优化的配置。

随着异质性企业理论的发展与展开,一些在宏观层面未能得到充分解释的现实状况得以从微观角度进行分析和讨论。近年来一个时常被提及的现象,就是汇率作为一个价格调节工具,对于出口总额的影响是不显著的。以中国的对外贸易现实经验为例①,随着2005年中国汇率制度改革的完成,人民币告别了专盯美元的固定汇率时代,正式迈入有管制的、参考一揽子货币的浮动

---

① 资料来源:联合国贸易和发展会议(UNCTAD)数据库。

汇率的时代。闻声当日,人民币对美元升值约 2%。截至 2012 年,人民币对美元实际有效汇率累计升值幅度接近 32%。在此期间,中国出口贸易总额从 2005 年的 7 619.5 亿美元增至 2012 年的 20 489 亿美元,贸易顺差从 2005 的 1 020 亿美元增至 2012 年的 2 311 亿美元,涨幅达 127%;从事出口贸易的企业数从 2005 年的 179 665 家增至 2011 年的 296 857 家。

传统的汇率弹性理论显示,当跨国交易的商品满足一定的弹性条件时,一国货币的贬值会带来该国贸易收支状况的改善,也就是说本国货币贬值会为出口商品带来价格上的优势,进而出口数量也会随之增加。然而,现实状况是近年来人民币汇率一直在升值,却伴随着中国出口贸易量的持续增长。可以说从总量上看,汇率波动与出口贸易之间的相关性并不显著。纵观国内国外对外贸易的现实发展状况可以得出,汇率波动与出口企业行为之间的"弱相关"现象也并非中国所特有,事实上,美元长期贬值之下的经常账户恶化以及在 1998 年亚洲金融危机货币贬值时期出口量的大幅下降都是经典的案例(Chaney,2005;Duttagupta and Spilimbergo,2004;Blalock and Roy,2007)。Obstfeld 和 Rogoff(2000)将汇率变动对于宏观的一些经济变量,比如出口、价格、产出等的弱相关的影响称为汇率波动的"不相关之谜"。

对于汇率波动对出口影响的研究,大体可以分为三个方向:第一类研究强调汇率波动对于商品价格的传导是不完全的,并对汇率弹性论提出了质疑;第二类研究则从汇率决定理论着手,强调市场的微结构对于信息和出口的影响;第三类则采取微观层面的数据对出口进行验证讨论。有别于传统研究在总量上对汇率—出口关系的探讨,这类研究认为企业层面存在一些异质性因素会导致加总层面上出口对于汇率敏感程度的下降。本研究的分析可以加入第三类文献的讨论中。

从现实中对外经济发展的状况来看,中国作为世界上重要的贸易大国,其对外贸易行为尤其是出口行为对于国内乃至国际都会产生举足轻重的影响。汇率作为重要的政策工具对于出口究竟有着怎样的影响?如果这种影响在宏观层面是不够明确的,究竟是何种微观层面的企业行为降低了汇率影响的敏感度?当汇率发生波动时,企业的异质性和其他相关因素会对出口行为产生怎样的影响?这些影响加总起来在出口的集约边际和扩展边际上会有怎样不同的表现?若能合理解释上述这些问题,则对于理解汇率波动与异质性企业之间的关系,以及企业遭受外生汇率冲击时采取的行为决策都有着不言而喻的现实意义。与此同时,上述讨论也有助于异质性企业理论的进一步完善,以及帮助理解中国对外出口的特殊性问题。

正是基于这样的理论背景,以及中国企业对外出口行为和汇率波动之间关系的现实意义,促使了本研究的产生。

二、研究目的及意义

本研究的意义体现在两个方面:一方面是汇率—出口的理论分析具有研究价值,另一方面是对外经济的现实状况需要合理解释。

首先,从理论分析的研究价值来看,虽然汇率与出口之间的关系已经被大量的文献所解释,但是基于微观企业层面的研究却仍旧较少;与此同时,异质性企业贸易理论的经典模型(Melitz,2003)为研究微观企业的出口行为提供了严谨的分析机制和研究方法,但在分析框架内没有纳入汇率这个影响出口的重要指标。理论界对于企业异质性的认识已经日趋深刻,但对于汇率影响企业行为的差异化效应的研究却是刚刚开始。理论框架与逻辑体系仍待进一步去完善和扩展。

其次,从对外经济的现实意义上看,当前中国对外贸易尤其是出口方面继续维持着高增长的态势,这种态势业已引发了欧美主要发达国家的警惕。这些国家希望通过迫使人民币升值的方式来缓解对华贸易的不利局面,但升值对于出口究竟会产生怎样的影响则显得模糊。事实上,从加总层面来分析汇率对出口的影响显然存在诸多不合理性,因此需要深入探究微观机制在其中起到的重要作用。本研究运用异质性企业贸易理论解释当前出口企业的行为决策,并加入汇率因素,详细考察汇率对于现实中微观企业的影响,包括对于企业单位出口价格与数量规模、进入退出决策、产品种类多元化决策的影响,以解释实际存在的问题并提出相关的政策建议,具有一定的现实意义。

三、研究方法

本研究采取理论分析与实证分析相结合、定性分析与定量分析相联系、微观分析与宏观分析相补充的方法。以异质性企业理论模型作为基本分析框架,并加入外生汇率变量作为本研究理论分析的基础。以产生企业异质性的核心变量、生产率如何影响企业单位出口价格数量决策、进入退出决策以及产品多元化决策的实证结果对于既有的理论模型作出支撑和检验。在具体的分析中,本研究会率先探讨微观层面的企业行为,再将企业行为进行加总、从宏观层面对本研究所要探讨的问题进行验证和总结。具体方法如下:

首先,在理论分析方面,本研究以 Melitz(2003)的经典异质性企业模型作为分析框架的基本假设与逻辑走向,并借鉴了 Berman 等(2012)对于汇率外生及出口成本的描述,构建了一个带有外生汇率和分销成本的企业出口行为模型。本研究借由模型不仅分析了单个企业的单位出口价格以及出口数量对于汇率波动的弹性差异,还分析了企业进入退出决策、出口品种多元化决策是如何受到汇率波动的影响的。引入外生汇率的异质性企业模型使得成本加成不变的假设变得合理化,为分析宏观经济现象提供了一个微观思路。

其次,在实证分析方面,本研究主要针对理论模型中的基本命题结论进行了验证:首先是企业单位出口价格、出口量对于汇率波动的弹性差异。为此本研究运用中国工业企业数据库和海关产品数据库的面板数据作为研究对象,综合运用固定效应模型、随机效应模型对于企业层面实际有效汇率、全要素生产率、分销成本、企业的市场规模及其他一些企业层面指标对汇率影响企业单位出口价格及出口数量进行了详细的分析;其次是企业的进入退出及出口品种多元化决策对于汇率波动的敏感程度。为此本研究综合运用 Probit 方法、Logit 方法、固定效应模型等方法对企业层面实际有效汇率、企业全要素生产率以及相关变量对于被解释变量进行了验证。本研究的回归结果对于不同的指标和样本都是稳健的。

在分析的层次上,本研究采取先微观再宏观的步骤,在详细分析了汇率对于单个企业行为的影响之后,转而分析汇率波动对于出口总额的影响。进一步的,本研究将汇率对于出口总额的影响分解为出口的集约边际和扩展边际,并分析汇率波动对于出口二元边际的不同影响。

四、创新及不足之处

本研究的创新之处主要体现以下几个方面:首先是研究视角的创新。目前已经有一些研究针对中国对外贸易与人民币汇率之间的关系进行分析验证,但截至目前大多数研究都集中于汇率传导对于国家层面、行业层面的出口价格指数及出口额的影响,很少专门针对微观出口企业行为进行分析。少数分析汇率波动与微观企业出口行为的相关文献也并没有将异质性企业行为与汇率结合在一起,在分析过程中更是忽略了作为异质性来源的生产率变量在汇率传导中起到的差异化作用。本研究则是从微观企业异质性出发，认为生产率、生产成本与出口模式上的差异是导致在加总的意义上出口与汇率波动弱相关的微观机制。

其次是理论研究方面的创新。本研究在借鉴了 Melitz(2003)、Berman 等(2012)的研究之后，对引入外生汇率变量的异质性企业模型进行了分析和阐释，改变了异质性理论经典模型关于企业成本加成不变的假设，并将企业决策与分销成本指标同时纳入分析框架内，并在此基础上进行了模型的合理扩展，为后文的实证检验提供了较为清晰的理论框架和模型思路。

再次是实证研究方面的创新。本研究以理论模型为基础，运用匹配后的工业企业数据库及海关产品数据库的面板数据，精确测算了作为核心变量的企业层面实际有效汇率和企业全要素生产率，并分析了汇率波动对于异质性企业单位出口价格、数量、企业进入退出以及产品多元化决策的影响。此外本研究又将数据加总到宏观层面，进一步阐释了汇率波动对于对外贸易的集约边际和扩展边际的不同影响。

需要指出的是，本研究是在异质性企业理论模型当中加入了外生汇率变量，并试图用此来解释中国对外贸易的现象与特征。这些尝试依旧存在不足之处：首先在理论分析的层面上，本研究没有对构建的理论模型进行严谨的模拟(Simulation)过程，而是在模型阐述的基础之上进行了回归分析，这就使得部分结论无法从模型当中直观得到，而只能通过经验实证的方法加以佐证。囿于本研究实证的数据样本期仅为 2000—2006 年的 7 年时间，有可能因为数据的选择影响最终的结果；其次，本研究仅考虑了中国对外出口贸易的情况，未考虑进口贸易，这便导致在理论和实证研究中有可能会出现一些分析的偏差；再次，在数据处理方面，由于工业企业数据库仅收录固定资产在 500 万以上的企业，所以部分在样本中"消失"的企业并不一定是真的退出了市场，而很有可能只是因为固定资产规模缩减而"退出了样本"。因此在实证过程中很有可能会放大了企业的进入退出效应。上述这些分析的不足之处将在未来的研究中加以完善。

五、本书结构安排

本研究的分析脉络如图 1-1 所示。全书的结构安排如下：

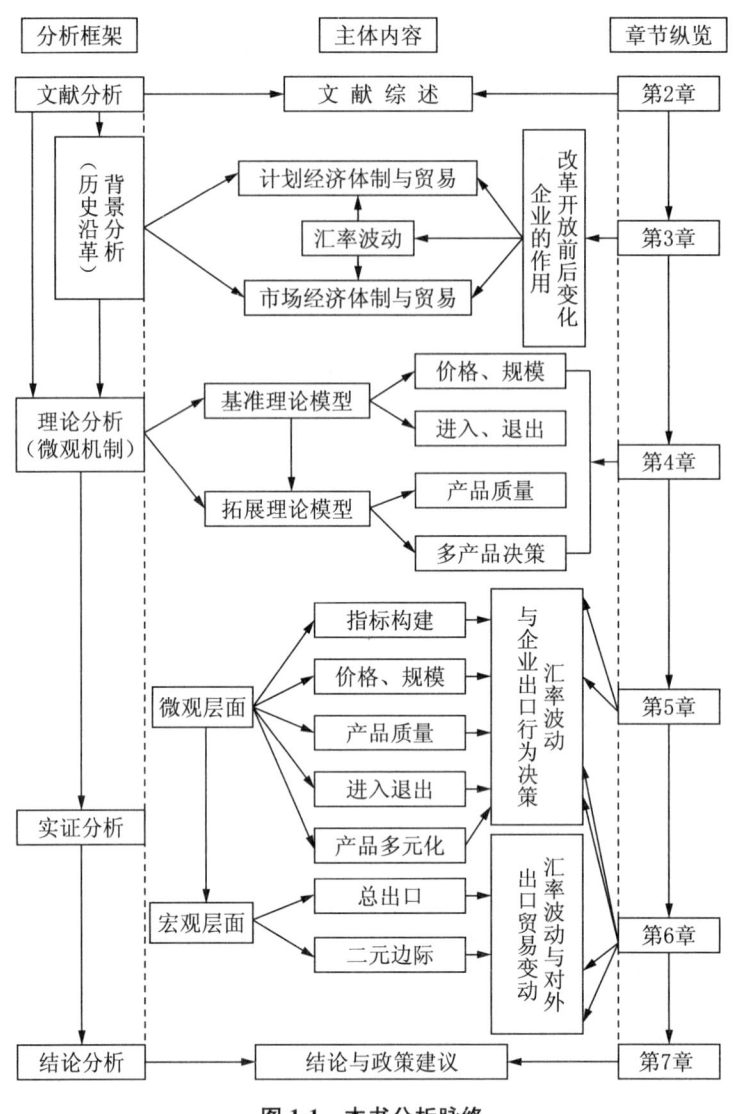

图 1-1 本书分析脉络

第 2 章是本书的文献综述部分。在已有的研究中,本章着重对于汇率理论与异质性企业理论关于汇率—贸易关系进行了详细的梳理。首先,本章阐述了汇率弹性论及汇率传导理论对于汇率影响贸易的机制,在分析中本章着重分析后者的研究进展及不足之处;其次,本章回顾了异质性企业理论关于企业出口行为的一般性描述及分析框架,并指出已有文献将汇率加入异质性企业模型当中,用微观企业行为来解释宏观意义上的汇率现象;之后,本章回顾了专门研究中国对外贸易与人民币汇率之间关联的文献,并提出现有文献所取得的成果及疏漏之处。

第3章是本书的背景沿革部分。本章回顾了中华人民共和国成立以来历次人民币汇率制度变革以及历年对外贸易发展的基本状况。时间维度被划分为改革开放以前及改革开放以后,之所以这样划分,是为了将1979年以前由政府控制的贸易行为与之后自由放开的贸易行为区分开来。本章在汇率外生给定的情况下,观察汇率波动对于不同出口自由度的外贸企业会有怎样不同的整体影响。

第4章是本书的理论框架部分。本章分析了Melitz(2003)提供的经典的异质性企业理论,并借鉴了Berman等(2012)将外生汇率、分销成本加入异质性模型的方法,构建了一个带有汇率变量的企业出口决策模型。本章阐释了不同生产率表现的企业面对汇率波动所产生的关于出口价格、数量、进入退出等行为的不同决策,并得出了主要的命题结论。本章还将单一产品模型扩展为多产品模型,并解释了汇率波动对于企业出口多元化决策的影响机制。

第5章和第6章是本书的实证研究部分。第5章从微观企业层面入手,分析了单个异质性企业对于汇率波动的价值、数量弹性差异,并得出了汇率波动对于企业出口额的影响。在分析方法上采取了固定效应模型和随机效应模型,并作出分样本及替换主要指标的稳健性检验。

第6章则是分析了汇率波动对于微观企业进入退出以及产品多元化决策的影响,并将微观数据加总到宏观层面,分析汇率对于总出口的影响。在此基础上进一步区分出口的集约边际和扩展边际,分析汇率对于二元边际的不同影响。本章主要是采取了固定效应模型、Probit方法、Logit方法以及加权平均最小二乘法等方法对主要的变量进行了回归分析。

第7章是本书的结论和政策建议部分。这一章在总结了本研究的理论模型分析、实证研究分析的相关结论基础上,为本研究赋予一定的政策内涵。

第二章 汇率波动与异质性企业：文献综述

异质性企业理论的开创为理论界通过微观企业来研究宏观经济现象提供了新的思路和视角，从微观个体的异质性行为切入分析，加总层面的一些经济关系得以合理解释。学术界对于汇率以及汇率—贸易关系的研究热度持续升温，但对于汇率与贸易额之间关系的不明确性一直存有疑问。一些发达国家，诸如美国在亚洲金融危机之后汇率贬值与经常账户持续恶化为本研究提供了一个关于汇率—贸易收支不相关的案例。一些经济学家也探讨了法国近年来的出口额对汇率变动敏感程度的降低；而在发展中国家，例如中国在2005年7月汇率改制之后，对美元的持续升值一直伴随着对美出口额的继续扩大，这也引发了理论界的思考。种种的现象都说明了汇率弹性论所阐释的"在一定的弹性条件下贬值能够影响贸易变动"的理论与现实情况存在着偏差。

为了解释汇率与宏观现象之间的关系，经济学家早先提出了汇率弹性论，认为汇率对于出口价格的传导是即时完成的，因此出口数量也会随着价格的变动而变动。然而，随着理论及现实的发展，经济学家发现汇率的传导往往是不完全的，也就是说，由于市场垄断结构、企业因市场定价行为、分销成本的存在以及跨国公司产品内贸易的出现等等因素，汇率并不能即时的传递到价格上，也就无法瞬时影响到出口的价格与数量。学术界关于汇率对于出口价格的不完全传导的研究层出不穷，大多是运用国家、行业层面的出口价格指数对于汇率的变动作出相关的经验分析及实证估计。但这仍旧属于从总量意义上对于汇率—出口的关系进行探讨。

由于异质性企业理论的出现，理论界的关注点开始从国家层面转向企业层面。微观数据的普及也为理论模型的实证支撑提供了依据和方法。异质性企业理论不再假设企业与企业之间是无差别的"黑匣子"，而是将其视作垄断竞争市场上具有异质性特征的、能够影响宏观变量的市场主体。这些市场主体的异质性来源可以是企业的生产效率、生产成本或者产品质量，也可以是扩展模型当中的融资约束、信用风险等方面的差异。本研究以生产效率作为异质性的来源为例,假定不存在外源融资的可能,来简要介绍企业的出口决策行为。由于出口需要垫付一定的固定成本和可变成本,只有高生产率的企业才有资格进入出口市场,这隐含着高生产率企业会获取较高的预期利润的假设。低生产率的企业则由于利润低于临界水平因而选择退市。生产率对于出口的影响不仅存在于出口的扩展边际,也即企业的进入退出决策,同样会影响到企业的集约边际,也即已存在的企业出口量的多少。通过这样一个微观机制,宏观上则实现了资源的优化配置。然而,经典的 Melitz(2003)异质性企业理论是假定企业具有不变的成本加成,并且未将两国货物交易时汇率波动的因素纳入逻辑框架之内。事实上,模型既然包含了本国生产及外国需求,那么一定存在汇率的外生影响。

一些研究在运用异质性企业理论模型来解释汇率冲击方面作出了积极的尝试,认为企业生产效率的差异性会导致出口生产者价格的变动,因而会导致加总层面上汇率敏感程度的下降(Berman 等,2012)。另外一些研究则专注于进口国分销成本的存在对于产品进口价格的影响,例如 Burstein 等(2005)、Atkeson 和 Burstein(2008)。还有一些研究,例如 Auer 和 Chaney(2008)认为产品质量的差异性也会导致宏观层面的汇率敏感程度的下降。Dekle 等(2007)也认为微观企业行为差异化会导致加总偏误(Aggregation bias)。除了理论模型的搭建,也有一些文献运用微观层面的数据进行了大量的验证。

中国是传统的世界工厂,也是转型期的贸易大国。研究汇率影响微观出口企业的行为机制有助于更深刻的理解宏观层面所存在的现象背后的逻辑所在。而汇率理论与异质性企业贸易理论的结合也能够对相关理论进行完善和扩展。本章是全研究的文献综述部分,将全面回顾汇率理论及贸易理论中与主题相关的贡献并进行简单述评,为之后的研究提供一个分析基石和参照平台。

基于此,本章的安排如下:第一小节是汇率—贸易理论回顾,第二小节是异质性企业理论回顾,第三小节是中国贸易出口与汇率研究,最后是述评与小结。

一、汇率—贸易理论回顾

本节将介绍汇率理论对于汇率—贸易影响机制的分析和解释。首先,汇率是进行商品、服务交易的国与国之间的相对价格,分为名义汇率和实际汇率。名义汇率是指一国公布的用来表示两国之间货币比价的官方汇率,用以进行货币之间的兑换以及国际间结算活动。名义汇率一般会采取直接标价法或间接标价法,直接标价法是用1单位本币来表示外币的价格,间接标价法则是由本币来表示1单位外币的价格。本书中所采取的汇率指标都是间接标价法,也就意味着汇率指标的上升代表本国货币汇率的贬值;实际汇率则是名义汇率的一种调整,是剔除了物价通胀水平并经过政府财政补贴之后的、能够体现出该国商品在国际市场上实际竞争力的汇率水平。由于一国在参与海外竞争的时候,并不仅限于双边行为,而更是牵涉到多边贸易,因而往往采取与多边进行贸易的贸易额为权重来衡量汇率的实际情况。这样的加权汇率水平被称为有效汇率。

关于汇率-贸易问题的探讨始于金本位的崩溃,内容则集中于汇率与一国贸易收支之间的相关关系。在20世纪30年代经济大危机发生之前,金本位在全球范围内一直占据着主导的地位。这个时期休谟倡导的"价格-金币"机制认为在劳动力市场出清、国内物价水平能够充分调节的情况下,价格的变动会自动矫正失衡的贸易收支状况。直到1929—1933年爆发了全球性的经济大危机,在这场危机之下,金本位遭到彻底瓦解,加上各国政治变革带来工会能力的加强,于是先前的价格自动调整机制也就失去了作用。Keynes正是在发生危机的大背景下提出了基于非充分就业、国内价格刚性的条件下,一国可以通过控制国内需求、扩大对外出口来改善本国的贸易收支。然而,这一理论未能妥善解决国内增长就业与对外收支平衡之间的目标冲突。那么究竟怎样做才能既保证国内经济增长、充分就业,对外收支水平又能得以改善?Friedman(1953)最早提出的浮动汇率制度为解决此问题提供了一个思路。他认为当国与国之间的汇率水平发生变动时,可贸易商品(tradable goods)的相对价格也会发生变化。若要应对汇率变动所带来的价格冲击,该国只有通过两种途径——改变汇率或者调整价格,才能达到两个市场的均衡。Feldstein(1992)进一步指出,当外生汇率发生变动时,国内名义价格往往是高度不灵活、存在名义价格刚性,因此政府应当倾向于改变汇率而非调整价格的手段来干预经济运行。上述这些观点都是假定市场环境是理想的、不会阻碍汇率的传递效应。换句话说,就是在开放经济的情况下,汇率发生的变动可以瞬间传递到商品的消费价格上,不存在时滞,也不存在程度的削弱,是百分之百完成传递的。但现实与理论所描绘的并不完全相同,这就促使理论界对于汇率的传导效应进行反思。接下来，本研究将分别介绍汇率完全传导时的汇率弹性理论，以及不完全传导时的汇率传导理论，对于汇率理论中影响贸易的文献进行回顾和述评。

（一）汇率弹性论

在假定汇率对于进出口商品价格能够实现完全传导的情况下，汇率变动对于贸易收支的影响仅仅取决于汇率的贸易弹性大小。最初的贸易弹性论是基于对马歇尔-勒纳条件（Marshall & Lerner Condition：M-L）的探讨。该条件是指当进出口商品的需求价格弹性之和大于1时，即若 $\varepsilon_x^d + \varepsilon_m^d > 1$ 时，贬值会改善一国的贸易条件。由于这个结论是基于非常严格的假定，比方说在初始时点一国的贸易收支是完全平衡的；另外，该条件还要求进出口的供给弹性要满足无穷大；再者，M-L条件的分析框架并非基于一般均衡分析，也未考虑到价格、数量的变动会存在一定程度的时滞。因此，有着这样严格假定的M-L条件便与现实世界相去甚远。

之后的理论研究便对以上过于严苛的假定进行了放松和修正。Bikerdike（1920）、Robinson（1937）和Metzler（1948）将进出口需求弹性指标也纳入分析框架，认为即使马歇尔-勒纳条件不能得到满足，只要进出口的供给价格弹性足够小，贬值依旧能够达到改善贸易收支的效果。该条件被称为比克迪克-罗宾逊-梅茨勒条件（Bikerdike-Robinson-Metzler Condition）：

$$\frac{\varepsilon_x^d \varepsilon_m^d (1+\varepsilon_x^s+\varepsilon_m^s) + \varepsilon_x^s \varepsilon_m^s (\varepsilon_x^d+\varepsilon_m^d-1)}{(\varepsilon_x^d+\varepsilon_x^s)(\varepsilon_m^d+\varepsilon_x^d)} > 0$$

也就是说，当进出口的供给弹性都趋向于无穷大时，该条件才与马歇尔-勒纳条件相一致。Jones（1961）则进一步构建了一个一般均衡的分析框架，研究以提供曲线为工具，不仅分析了两国之间的贸易行为，还分析了两国分布的消费和生产状况。这篇文章得出与比克迪克-罗宾逊-梅茨勒条件相左的结论，认为无论需求弹性是怎样的，供给弹性越大越满足条件。Dornbusch（1975）则选择了更宏观的视角，用国民收入恒等式的分析方法为上述理论作出了有力的补充。他认为在贬值改善贸易余额的情况下，还要比较国民收入增加所带来的进口增加是否要小于贸易余额的增加。这就构成了所谓的"吸收分析法"。一国货币的汇率贬值会因为改善货币收支情况而增加国民收入，但与此同时提高了外国商品的相对价格、降低了本国居民对进口商品的实际购买力。这样一来，一国汇率贬值对于贸易收支的影响就变得更加扑朔迷离。

以上的分析均没有考虑到汇率传导过程可能存在的时滞的影响，事实上，汇率对于贸易进出口的影响未必是立即实现的。当本国汇率发生贬值时会先恶化贸易收支，经过一段时间之后才会改善贸易收支，这样的动态轨迹类似一个J型，因而被称为"J曲线效应"①。学术界一般认为汇率会瞬间完成调整，但一国的生产者乃至消费者对于价格的调整却没有即可实现。从短期来看，贬值是否一定会改善一国的贸易收支，学术界则尚无定论。Junz 和Rhomberg(1973)、Magee(1973)和 Meade(1988)都对此做了理论研究。其中以 Meade(1988)的"三阶段理论"最具合理性。

传统的"J曲线效应"并不能系统的解释汇率传导存在的时滞，理论界从三个方面来论述对于"J曲线效应"的看法。首先，J曲线效应的实现需满足M-L条件，如果不满足，则很有可能恶化贸易收支；其次，Hoque(1995)认为即使满足了 M-L 条件，也有可能因为考虑回归预期而长期徘徊在逆向水平而形成"W曲线效应"；其三，"J曲线效应"是基于汇率与贸易之间存在一种稳定关系的前提下。若汇率波动超过了这个区间，则两者原有的关系会发生变动。

汇率弹性论的实证研究主要围绕"弹性悲观论""弹性乐观轮"的争论来展开，以及对"J曲线效应"的检验。持有"弹性悲观论"的学者认为，一国汇率的贬值并不能有效改善国际收支，因为马歇尔-勒纳条件过于苛刻，在现实中是根本无法满足的。Hinshaw(1945)、Adler(1945)对第一次世界大战和第二次世界大战期间美国免税商品的进口需求弹性进行了测算，并得出该需求弹性应介于 0.3 到 0.5，故此认定汇率的调整并不能有效地调节国际收支情况；另外一些学者则认为是实证方法的偏误造成了弹性估计的偏差。Orcutt(1950)的研究纠正了前两篇文献中实证方法造成的偏误，认为弹性被低估了，并提供了新的测算值及合理的解释。在此之后，理论界热衷于修正之前文献所存在的实证偏误，并开始否定"弹性悲观论"对于汇率贬值与贸易收支的不相关的论断。然而这种修正偏误的做法愈演愈烈，似乎有些矫枉过正，也形成

---

① 最早对于J曲线效应的讨论是美国在 20 世纪 70 年代初贬值政策所导致的贸易变动。1970 年美国的贸易收支余额约为 22 亿美元，一年之后收支迅速恶化。当局为了改善贸易收支情况，采取了贬值的货币政策。出乎意料的是，贬值之后的一年，也就是 1972 年美国的贸易收支并没有改善，反倒进一步恶化到 68 亿美元的贸易赤字。

了所谓的"弹性乐观论"。

关于"J曲线效应"的实证检验如表2-1所示：

表2-1 "J曲线效应"的实证检验文献回顾

作　者	样　本	模型或实证方法	是否支持"J曲线效应"
Flemingham(1988)	澳大利亚1965 Q1—1985 Q2	无约束分布之后模型	1974年以前支持，1974年以后不支持
Rose & Yellen(1989)	美国1960—1980	OLS;工具变量法	不支持
Hoque(1995)	澳大利亚	固定效应模型	不支持
Senhadji(1998)	30个欠发达国家	小国开放模型；动态一般均衡	不支持；支持"S曲线效应"
Bahmani & Brooks(1999)	美国1975 Q1—1996 Q2	自回归分布滞后模型	短期不支持，长期支持
Lal & Lowinger(2002)	7个东亚国家[1]	约翰逊协整检验；脉冲反应函数	支持
Hacker & Hatemi(2003)	5个欧洲国家[2]	脉冲反应函数；向量自回归	支持
Lee & Chinn(2002)	7个发达国家[3]	脉冲反应函数；向量自回归	不支持

注：1 这7个东亚国家包括：印度尼西亚、韩国、菲律宾、日本、马来西亚、泰国和新加坡。
2 这5个欧洲国家包括：丹麦、瑞典、挪威、比利时和荷兰。
3 这7个发达国家包括：美国、英国、意大利、加拿大、日本、法国、德国。

总的来说，汇率弹性论是基于可贸易商品的价格弹性展开的。关于汇率贬值是否能够改善一国收支情况，理论界并未形成统一的观点。但无论是"弹性乐观论"还是"弹性悲观论"，都是基于汇率对价格瞬间传导的假定进行估计和分析的。汇率的弹性论虽然遭到了很多质疑，但为理解汇率与贸易之间的总量关系提供了简便的估计方法，也始终贯穿于贸易的汇率效应分析中。无论其如何演变，这种方法都是基于汇率影响价格、再由价格影响贸易的研究基础之上，并且从根本上回避了汇率变动对于进出口的传递环节。

(二) 汇率传导理论

汇率价格传导是指当一国货币汇率发生变动，最终会在不同程度上传递给商品的各种价格并发生不同程度的变化。其中汇率变动对于出口价格的传导可被定义为：$P_t = \dfrac{\mathrm{d}p_x^*/p_x^*}{\mathrm{d}e/e}$，其中$P$为本币价格，$p^*$是外币价格。一般情况下,汇率传导的系数往往在 0 到 1 之间,称为汇率的不完全传导。若汇率的价格传导是完全的,汇率对于收支的影响就仅仅取决于弹性的大小。

根据汇率传导理论,汇率变动对于一国进出口价格的传导程度不仅仅取决于汇率弹性,也取决于企业的因市场定价(pricing to market)能力(Krugman,1987)。在市场定价的策略当中,定价货币的选择会极大程度的影响汇率对于进出口价格的传导。若以生产者所在市场货币进行出口商品的定价(Producer-Currency Pricing,LCP),则被称为非市场定价策略;与此对应的则是因市场定价策略,即以消费者所在市场货币进行定价(local-Currency Pricing,LCP)。一般来说,企业因市场定价的能力与以下几个方面相关:

1. 市场结构与产品差异化

一些学者认为,市场结构的不同是构成汇率传导程度不同的重要因素。首先从完全竞争市场来看,由于市场不存在垄断力量,进口商品能够被国内商品完全替代。也就是说,本国和外国所生产的产品皆用于国内消费和国外消费两方面。因此一国的需求也就同时有国内供给与国外供给共同决定。在给定需求弹性的前提下,当一国的需求更多依赖进口商品的时候,汇率变动对于以本币计价的进口商品的传导程度较高;当进口品的供给弹性越高,汇率传导的程度也就越高。

更多的研究涉及不完全市场这个更接近现实的假定。在不完全竞争的情况下,厂商往往不再根据边际成本进行定价,而是对其产品进行一种成本加成定价策略(markup),厂商由此可以获得短期甚至长期的超额利润。汇率变动对于价格的传导程度可以通过企业调整加成看出来。于是在不完全竞争市场的条件下,对于汇率传导的分析就可以转变为对于贸易企业最优定价策略的研究。

影响进出口企业最优定价策略的因素如下:首先,是进口产品与国内产品的替代程度,这是由产品的差异化程度决定的。Dornbusch(1987)运用标准的 Dixit-Stigiliz(1977)模型分析得出,差异化的产品造成了国内国外商品的不完全替代,进而对汇率传导产生了直接的影响。他认为汇率传导程度与产品间的替代程度是显著相关的。其次,Fischer(1989)着重分析了不同的市场结构与汇率传导程度之间的关系。论文的结论指出,如果一国国内市场垄断程度较高,则汇率传导的程度更高。还有一些研究则证明了由于产品的不完全替代性及市场的分割,一价定律不成立。产业内贸易及产品内贸易使得市场的区分变得更加困难,从而加强了产品的不完全替代性。

近期的研究则更多着眼于对出口企业的行为进行细分,并在此假设前提下考虑不同的市场结构对于汇率传导的影响。Dornbusch(1987)假定了参与进出口行为的企业是古诺(Cournot)竞争市场上的企业,具有不变成本及线性需求的特点。在此假定下,进口厂商在整体厂商中所占份额越大,汇率传导的程度越高;Sibert(1992)则针对Dornbusch(1987)的模型进行了拓展,在分析中加入了厂商之间的勾结程度这个指标,进一步证实了后者关于汇率传导程度与外商所占份额之间呈现的正向相关关系。在不完全竞争市场的前提下,率先进入出口市场的垄断厂商的行为一直受到学术界的关注。这些厂商的如何面对突如其来的汇率变动而采取一定的策略性定价,这种行为即"因市场定价",是为了保住出口地位所采取的最优定价策略。Froot和Klemperer(1989)构建了一个两阶段模型,其中第一阶段厂商所占的份额会对第二阶段的汇率传导效应产生影响。该模型的意义在于放松了之前的一些假设,例如需求曲线形式以及行业竞争性假设,在实际运用中更具有普遍价值。

2. *跨国公司与产品内贸易*

跨国公司在规避因汇率波动而产生的风险时,倾向于采取一种内部汇率的方式,这种内部汇率由跨国公司自行制定、自主变动。与外界的汇率有所不同,这种内部制定的汇率主要是为了规避公司的内部债务受到外生的汇率冲击,以及帮助子公司进行资金方面的配置(Grassman,1973)。事实上,美国价格监督委员会(Pricing Surveillance Authority, PSA)也曾调查得出美国在澳大利亚的跨国公司对于内部汇率使用得非常普遍,其目的正是为了避免汇率变动对于价格的巨大冲击。这种做法使得汇率与价格的关系被严重削弱。此外,跨国公司也可以通过"错峰"支付来避免汇率大幅变动带来的影响。由于公司内部结算时间的变动并不会影响到公司的利益,因此公司可以充分利用这种自由支付的时间来确保汇率冲击的弱化。至于"错峰"支付的延缓时间究竟多长则取决于跨国公司内部子公司之间或与其他公司间的关系。Grassman(1973)曾指出,在跨国公司内部实行错峰支付能够有效缓解汇率冲击带来的风险,并且公司在其中的操控空间非常大。除了跨国公司,也有一些具有特殊联系的公司之间会采取这类错峰支付的做法。这两种情形都会大大削弱汇率传导对于进出口价格的影响。

以上对于跨国公司的探讨仅仅限于在面对汇率波动时,企业为了规避汇率冲击带来的风险所采取的不同应对行为(例如采取内部结算价以及错峰支付)。但这些文献没有考虑到在当前浮动汇率盛行的时期,汇率波动幅度的增加会给跨国公司带来越来越大的压力。这些公司不得不进一步调整其价格战略决策,会在动态上进一步降低汇率的价格传导效应。

3. 分销成本

分销成本(Distribution Cost)是指企业出口商品的到岸价格与消费者价格之间由运输、分销、配送等原因产生的与销售商行为无关的成本费用,一般会用当地价格支付给外包商。Burstein 等(2003)分析了非贸易配送成本对于国际相对价格的影响,认为由于配送服务需要雇佣当地的劳动力,因此不同劳动力成本的国家在零售价格会有所差异。Burstein 等(2005)进一步说明,配送成本也是理解一国货币贬值之后汇率传导失效的关键。Atkeson 和 Burstein(2008)构建了一个包括不完全竞争及可变动加成的模型,指出由于竞争的不完全及贸易成本的存在,大型企业往往会依照市场去定价。Berman 等(2009)则同时关注价格及数量,搭建的模型也将配送成本及生产率异质性考虑在内。另外一些文献包括 Dekle 等(2007)以及 Imbs 和 Mejean(2009),直接提出若忽视了微观层面,仅仅考虑加总到行业的分析,很有可能会对分析出口对汇率变动的弹性的影响造成偏误。

4. 企业异质性

理论界认为,企业异质性的来源可以是生产率的差异、产品质量的差异或者成本差异,由于企业异质性的存在,汇率对于不同企业的传导程度是不同的。以生产率作为企业异质性的核心为例,生产率的差异使得企业在面对汇率波动时采取不同的定价策略。Berman 等(2009)、Berman 等(2012)分析了高生产率企业和低生产率企业出口生产者价格对于汇率的弹性差异,认为高生产率的企业在面对贬值时会选择提高生产者价格,而低生产率企业则更倾向于调整出口数量。除此之外,也有一些研究运用产品质量作为异质性来源的指标,并得出了相似的结果(Bussiere,2008)。

5. 非关税壁垒

非关税壁垒在国际进出口活动中的幅度增加会对汇率传导产生影响,具体来说会削弱汇率传导的程度和范围。事实上,在美国20世纪80年代,非关税壁垒是伴随着美元高估而增加的(Bhagwati,1988)。Branson(1989)的研究支持了这一观点,并明确指出非关税的壁垒的大量存在在极端的情况下会令汇率传导变为0。当1985年美元汇率开始贬值时,由于存在非关税壁垒,汇率变动并没有促使美国进口价格的上升,而是减少了进口品的销售溢价。也就是说,汇率波动为进口品带来的风险并非在价格这一环节,而是反应在收益的减少上。在这种情况下,汇率波动对于价格是不会产生影响的。

6. 定价货币的选择

一些文献也将定价货币作为内生的变量纳入分析框架中,比如 Engel(2006)、Goldberg 和 Tille(2005)、Debereux 和 Engel(2003)等。在这些研究当中,价格刚性被作为是模型的基本假定,但是出口商究竟采取哪种货币进行定价却是内生的变量。这种做法实际上隐含着企业对于未来汇率风险预期的现时最优套现行为。在国际出口贸易当中,出口商更偏好于使用具有稳定汇率预期的货币作为结算货币进行产品定价。Devereux 和 Engel(2003)在效应最大化的分析框架下讨论了不同的定价货币对于汇率传导的影响。结论指出,如果采取生产国货币定价,则汇率对于消费者价格的传导是瞬间完成的;如果采取销售国货币定价,则汇率对消费者价格的传导系数为 0,也就是说汇率波动是无法调整价格的。

汇率传导理论的实证研究主要集中在对于各国汇率价格传导的测算工作。这项工作较为繁杂,不仅涉及测算汇率对于不同类型价格的总传导,还涉及汇率对于分国别、分行业类型及商品类型的测算,以及长期短期的效应差异;根据价格的不同类别,可以分为汇率对于出口价格的传导、对于进口价格的传导以及对于国内生产价格和消费价格的传导。具体的分析如表 2-2 所示:

表 2-2 汇率传导理论实证检验文献回顾

作 者	样 本	模型或实证方法	主要结论
汇率传导程度的测算			
Ohno(1989)	日本	测算	汇率变动对出口价格平均传导系数为 0.5
Goldberg & Knetter(1997)	OECD	测算	汇率贬值对工业制成品进口价格传导系数为 0.5
Campa & Goldberg(2001)	OECD 1975—1999	测算	OECD25 国平均短期汇率传导系数为 0.61;长期为 0.77
Nick(2002)	格鲁吉亚 1998—2001	测算	贬值与通胀的关系:1%的贬值带来 0.21%的 CPI 上升

续表

作　者	样　本	模型或实证方法	主要结论
汇率传导程度的国别差异			
Kreinin(1977)	美国、意大利	测算	美国50%、意大利100%；汇率传导程度与经济规模呈反向变动
Spitaeller(1980)	美国、德国	测算	美国完全传导、德国不完全传导
Helkie & Hooper(1988)	美国	测算	汇率变动对进口价格传导系数为91%
Ohno(1989)	日本	VAR	厂商对不同出口市场实行价格歧视，从而稳定市场
Alterman(1991)	美国	测算	汇率变动对于进口价格传导系数为48.7%
Ito & Sato(2007)	东南亚各国	VAR	遭受金融危机时，货币贬值主要影响进口价格
汇率传导程度的商品类别差异及行业差异			
Wang & Wu(1999)	中国台湾	测算	新台币升值时，石油化工业吸收的汇率波动很少，价格上涨幅度很大
Campa & Goldberge(2001)	OECD	测算	能源与原材料传导完全、工业制成品传导不完全
Piriya(2004)	泰国	测算	汇率传导程度最高的是机械类、最低的是动植物油脂类

二、异质性企业出口行为研究回顾

上一节回顾了汇率理论的两大主要分支——汇率弹性论和汇率传导理论——在讨论汇率对于贸易的影响时，各自的前提假设和基本结论有什么不同。汇率对于贸易的影响体现在对于价格的传导上，再通过价格的调整来影响贸易量的变动。对于汇率价格传导是否为瞬时、完全的假设，成为区分汇率弹性论及汇率传导理论的主要因素。

由于汇率弹性论的前提假设过于严苛，也难以合理解释经济社会所发生的一些现象，因此近年来理论界讨论更多的是汇率传导理论的演变与实践。汇率传导理论更多研究的是市场结构、分销成本、产品内贸易、定价货币和非关税壁垒等因素对企业因市场定价的影响，作为市场参与主体的企业，其自身所具备的一些特质却没有被纳入分析框架内。事实上，与之前所述的几个原因类似,企业自身具备的异质性也会影响到汇率对于贸易的传导。这一节将回顾异质性企业理论的基本内容,并在此基础上梳理现有文献对于加入了汇率因素的异质性企业理论的探讨。

(一) 异质性企业理论的发展

当分析的视角由宏观转向微观、由国家转向行业再转向企业,理论界关注的焦点是微观行为对于宏观现象的解释机制。Melitz(2003)的异质性企业理论为微观与宏观之间搭建了桥梁和机制。本节对于异质性企业理论的介绍,将沿着基本事实—关键指标—核心假说—模型设定这个思路进行梳理。

1. 基本事实

对于微观出口企业异质性行为的讨论始于20世纪90年代中期。Bernard等(1995)首次使用高度细化的美国工业企业数据库对于出口企业的行为决策进行了实证研究。他们的研究发现,出口企业的生产效率、资本密集程度、就业水平、工资水平、产品规模等方面都要显著优于内销企业。研究还进一步检验了在长期这些优势是否依旧延续。相类似的,Aw和Hwang(1995)运用了中国台湾的行业层面数据对于从事电子行业的企业出口情况进行了实证研究,研究结果表明中国台湾电子行业的出口企业在出口规模和生产效率方面都要显著高于非出口企业。Tybout(2003)调查了美国的出口企业与内销企业所占的比重,发现只有少部分企业会进入海外市场进行竞争,并且这些企业也只是将其部分产出进行外贸,另外一部分依旧供给国内市场。但这些少数的出口企业的生产效率要远远大于仅从事内销的企业。Eaton等(2004)对法国的微观企业数据进行了实证研究,得出法国制造业当中只有不到20%的企业会选择出口。Bernard等(2007)则得出2000年美国只有4%的企业从事外销,其他绝大多数仍旧是内销业务。

2. 关键指标

近年来一些文献例如Melitz(2003)、Manova(2012)、Feenstra(2014)指出生产效率、产品质量和成本是企业异质性的来源,而生产率是提及最多的。异质性往往以劳动生产率(Labor Productivity, LP)或者全要素生产率(Total Factor Productivity, TFP)作为衡量的指标。由于劳动生产率指标欠缺对于资本投入的解释,理论界更多是采用全要素生产率指标作为企业异质性的来源。测算TFP的步骤较为复杂,包括OLS方法、IV方法、GMM方法以及最新改进的OP方法和LP方法。后两种方法由于能够解决OLS在测度中出现的联立性偏差,因而被大多数文献所采用。OP方法和LP方法的唯一不同在于前者运用投资作为不可观测生产率冲击的代理变量,而后者选用中间投入品,两者各有优缺点。另外,对于企业异质性的说法,最早的文献是基于企业自身具有的一些特质,比如规模、数量或者所有制差异,这些研究包括Roberts和Tybout(1997)、Bernard和Jensen(1999)、Bernard和Wagner(2001)。从Melitz开始,生产率被作为异质性指标广泛运用。还有一些文献考虑多种因素的异质性,比如Das(2007)。

3. 核心假说

异质性企业理论的核心假说分为两个方面:第一是企业异质性是否使得表现更好的企业选择出口,另一个是出口行为是否可以反过来促进企业的表现。关于前一个假说,也即企业的"自我选择效应"(Self-Selection Effect)已经有大量的文献从理论和实证的角度证实了生产效率较高的企业会愿意进入出口市场。Roberts和Tybout(1997)指出企业为了进入海外市场,必须要垫付一部分成本。Melitz(2003)则将这个成本定义为包括铺设渠道、建立营销网络的固定费用。在不存在外源融资的情况下,只有生产效率较高的企业才有可能垫付这部分费用,因为高生产效率企业往往能够获得较高的预期利润率。关于第二个假说,出口反向促进企业生产率,也有部分文献涉及,比如Bernard等(2006)、张礼卿和孙俊新(2010)、赵伟和赵金亮(2011)、史青(2012)等文献。这两种效应有可能同时存在,也有可能单独出现。

4. 模型设定

异质性企业理论主要有两支用以分析的模型,其一是Melitz(2003)在垄断竞争及不变成本加成框架下(Krugman,1980)的以异质性生产率为核心指标的一般均衡模型,指出只有生产率较高的企业才能够垫付固定费用进而进入出口市场,生产率低的企业只能够从事国内销售。之后有大量相关文献运用实证方法检验了模型的结果,比如柴忠东和施慧家(2008)、陈媛媛等(2001)、高越和李荣林(2008)、黄玖立和冼国明(2012)、金祥荣等(2012)。关于模型的拓展,Helpman等(2004)在此基础上引入了多部门的情况。另一支文献则是基于Bernard等(2003)的多国Ricardian模型,将随机生产率指标带入,并说明出口企业一般具有较高的生产率水平及企业规模。

(二) 异质性企业出口与汇率

如上一节所述,Eaton和Kortum(2002)以及Melitz(2003)发起的异质性

企业理论开启了汇率变动对微观企业影响的分析。当前,国际上关于汇率变动与微观企业出口行为的研究主要集中于以下两个方面:

首先是关于汇率变动与企业异质性。Auer 和 Chaney(2008)构建了一个产品质量异质性的模型,分析了不同产品质量的企业对于汇率波动的异质性反应。Dekle 等(2009)使用日本 1982—1997 年的面板数据进行研究,发现汇率升值显著降低了企业的出口额。Baggs 等(2009)使用加拿大 1986—1997 年微观企业层面的数据进行的研究发现,汇率升值加快了加拿大企业的出口退出,并且对其出口额产生了显著的负向影响。Berman 等(2012)首次使用法国企业层面的微观数据分析了汇率变动对企业出口行为的异质性影响。该研究发现具有较高生产率的出口企业在本币贬值时会更愿意提高生产者价格,具有较低生产率的出口企业则更愿意增加出口数量,于是加总层面的弱相关性就可以由微观层面的异质性因市场定价行为进行部分的解释。Amiti 等(2012)使用比利时大样本微观企业数据的分析表明,企业对汇率波动的异质性反应可能与企业在国外的市场份额及其进口密度有关。Cheung 和 Sengupta(2013)使用印度 2000—2010 非金融部门企业层面数据的研究发现,汇率升值对印度非金融部门企业的出口具有显著的消极影响,并且劳动力成本会放大这种显著的负效应;企业和企业之间具有差异性,出口密度较小的企业对于实际汇率变动的反应会更大;并且与制造业部门相比,服务业部门的出口受到的负面影响更大。

其次是关于汇率变动与贸易边界。Bernard 等(2009)开辟了贸易边界问题研究的先河。Creusen 等(2011)进一步将出口贸易分解为扩展边界和集约边界两个部分。在此之后关于汇率变动与出口贸易边界的文献大量涌现。Berman 等(2012)认为,在长期,汇率对出口贸易的影响以扩展边界为主,而集约边界仅具有短期效应。此外,Greenway 等(2004,2007,2008)对英国、Baggs 等(2009)对加拿大的分析也得出了类似结论。Chatterjee 和 Dix-Carneiro(2012)基于多产品企业的视角,使用巴西微观企业层面的数据进行分析,发现汇率变动对企业单位出口价格、出口数量及出口的产品范围均具有显著影响。目前,大部分文献支持了汇率升值对企业出口数量和出口额会产生负面影响的观点,而在汇率变动与企业单位出口价格之间的关系方面仍存疑义。Fitzgerald 和 Haller(2008)认为,在当前世界性竞争压力提高、物价指数低水平徘徊的大背景下,出口企业很难将汇率的变化完全传递到出口价格上,即存在不完全的汇率传递效应。

总的来说,国外的相关研究虽然已经观察到异质性企业因市场定价能力的差异,但是依然是以对现实数据的分解为主,很少从模型上进行系统、全面、统一的逻辑构建。

三、汇率波动对于中国对外贸易的影响研究回顾

上一节回顾了相关文献对于汇率不完全传导在异质性企业理论当中的应用,这些文献分别从不同的角度解释了企业因市场定价策略与企业自身特性的关系。当前也有一些学者就中国的外贸出口与汇率波动之间的关系作出解释。研究主要分为两个方向:第一个方向是人民币实际汇率波动对于进出口影响的程度,也就是检测汇率的出口价格弹性与贸易收支效应,仍旧属于总量分析的范畴;第二个方向则是分析微观企业出口行为与汇率波动之间的关系,例如汇率影响微观企业出口数量变动、二元边际变动或者企业的多元化决策。这类分析运用了中国工业企业数据,属于微观分析的范畴。

(一) 人民币汇率与贸易总量研究

目前绝大部分文献仍旧关注的是人民币汇率变动对于出口总量、国际收支变动的影响。Kamada 和 Takagawa(2005)使用中国 1994—2004 年数据的分析发现,人民币实际汇率每升值 10%,进口会增加 1.4%,但是汇率变动对进口的促进作用存在一年的滞后期,其对出口增长的影响则十分微弱。

刘尧成等(2010)使用对结构性冲击影响进行长期约束的方法,分析了人民币实际有效汇率变化对中国贸易差额的动态影响,发现人民币实际有效汇率变化对中国贸易差额存在明显但有修正的 J 曲线效应,且人民币升值对中国贸易差额的影响随时间逐步增强。此外,卢向前和戴国强(2005)也得出了类似的存在 J 曲线效应的结论。以谢建国和陈漓高(2002)、叶永刚等(2006)为代表的研究却认为人民币汇率变动并不能减轻中国贸易不平衡的问题。

Bussiere 和 Peltonen(2008)及 Cui 等(2009)分别讨论了人民币汇率变动的价格传递效应,但基于不同的外生假定及各异的宏观指标,得到了迥异的结论。Liu(2013)使用倍差法实证考察了人民币汇率波动对中国出口贸易的影响,并使用多种方法考察了结论的稳健性,发现人民币升值 1%,中国出口总值下降 1.89%,按此推算,中国 2011 年人民币升值会导致出口下降 359.9 亿美元。

总的来说，上述研究并没有深入到微观企业层面进行探讨，因此所得的实证结果也会因为宏观层面固有的偏误而导致结果不具备稳健性。在实证方法上，这些文献大多采取时间序列回归的最小二乘法、向量自回归和协整分析法，忽略了截面这个维度。

（二）人民币汇率与微观企业行为

在上述的总量研究之外，还有一些文献则是新近兴起的、对于微观企业和汇率关系的探讨。虽然截至目前这类研究少之又少，但已经初见端倪。李宏彬等(2011)使用中国进出口企业的微观数据，估计了人民币实际有效汇率对中国企业出口值和进口值的异质性影响，发现人民币升值对中国的出口和进口企业均具有负面影响，从而认为人民币升值不会有效改善中国的贸易顺差。然而，该研究就此止步，并没有从机制上解释清楚为什么不同类型的企业在面临汇率冲击时会受到不同程度的影响。另外，文章对于企业间差异的界定，只区分了贸易方式、所有制形式、企业规模及企业所在地区，却没有考虑到生产率这个产生异质性的指标的关键作用。

Freund等(2011)使用中国1997—2005年的贸易产品数据，估计了不同贸易方式企业的进出口汇率弹性，发现加工贸易对汇率变动并不敏感；另外，出口产品的国内投入比例越高，则该企业对于汇率波动的影响越敏感。Li等(2012)同样使用中国企业层面的微观数据测算了双边实际汇率波动对企业定价行为和出口数量的影响，发现人民币每升值10%，企业单位出口价格下降50%左右，出口量则下降2%—4%。但是不同企业的异质性定价策略及出口规模决策则并未被考虑在内。

张会清和唐海燕(2012)基于2005—2009年中国工业企业的微观数据，采用Heckman选择模型评估人民币升值对出口贸易的整体影响和结构影响。研究发现，人民币升值对企业出口产生了显著的负面冲击，人民币升值不利于中国出口贸易结构的优化调整。这个研究依旧没有考虑到企业异质性对于企业行为的影响。

上述讨论虽然设计到微观企业并且使用了企业层面数据，但仍旧将企业视为相类似的"一群可被完全替代的个体"，并没有真正考虑到企业本身存在的异质性可能会对企业的汇率波动敏感性产生不同的影响。另外一些研究则关注到了这个影响，譬如Yu和Tang(2012)使用中国微观企业数据进行实证分析，发现汇率升值对于中国出口企业的进入退出决策以及产品生产方式具有显著的影响。赵勇和雷达(2013)基于融资约束及出口二元边际的视角,研究了中国对外出口与汇率波动之间的弱相关现象。文章运用不确定性的加权平均最小二乘法验证了人民币汇率升值对于出口集约边际和出口扩展边际的不同效应,并认为是两种不同方向的效应抵消了加总层面上汇率与出口之间的敏感性。然而由于数据的限制,该研究未能从企业的生产率特征、所有制形式等方面对汇率变动的企业影响作出分析。余淼杰和王雅琦(2014)则验证了企业出口多元化与汇率波动之间的关联。文章还分析了行业自由度和加工贸易的存在会对企业出口决策产生深远的影响。

尽管相关研究已经开始针对中国企业因汇率波动的出口行为决策进行分析,但是这种分析仍旧只是初步的、试探性的,仍旧未能形成统一的逻辑与理论框架。在数据的选择方面,一些研究仅考虑海关产品数据,另一些则仅使用工业企业数据,前者无法全面测算企业行为的异质性指标,后者则未能有效结合出口方式、出口金额等主要指标进行分析。另外,研究依然未能考虑生产率这个关键的异质性来源指标在企业出口—汇率行为决策当中的重要作用,因而相关分析无法将异质性企业理论应用在汇率与贸易行为当中来。至于企业单位出口价格决策、规模决策、进入退出决策、产品种类决策与汇率之间的联系,则甚少提及,这无疑是未来研究的一大热点。

四、本章小结

本章作为整个研究的文献综述,回顾了两支重要的文献:其一,是汇率理论的发展,其中包括汇率弹性论及汇率传导理论;其二,则是异质性企业理论关于企业出口行为的解释。之所以回顾这两支文献,是因为本研究的核心问题,是异质性企业行为与汇率波动之间的相关或者因果关系。

对于汇率波动与一国进出口贸易之间的宏观研究常常会因为加总层面的偏误(Dekle等,2007)、可能存在的汇率与贸易之间的反向因果联系(Adolfson,2001),以及构建宏观指标出现的一些问题,使得相关研究难以合理解释宏观现象出现的一些"弱相关""不相关"的关系,也难以解释对于同一套数据进行实证所作出截然相反的结果。因此理解宏观现象掩盖之下的微观企业机制就变得至关重要。然而,目前理论界对于汇率波动影响微观企业贸易行为的研究仍旧少见,关于中国这样的发展中国家的这方面研究更是屈指可数。

综上所述,本研究试图在借鉴既有研究成果的基础上,尝试在异质性企业理论与汇率传导理论当中找到适当的切入点,运用异质性企业对于企业出口行为的微观机制,解释汇率理论当中因市场定价行为因企业异质性不同而产生的影响,以期为汇率—出口这个细分的研究领域作出合乎逻辑的解释及理论与实证的边际贡献。

第三章 人民币汇率历次调整与对外贸易的历史沿革

上一章回顾并梳理了汇率波动与异质性企业出口研究的相关中英文文献,并作出了简单的述评。通过既往的研究可以知道,从汇率弹性论到汇率传导理论,汇率与出口之间的相关关系可以由不同的宏微观机制加以解释。一些学者专门针对中国的外贸发展状况及人民币的汇率变动情况进行了相关的理论和实证研究,其中大多数在分析中强调了汇率变化对于宏观进出口价格水平的传导及对国内一般价格水平的影响。也有一些学者运用不同的汇率理论阐释了中国对外贸易收支的基本情况。中国作为一个转型期的外贸大国,在参与对外经济方面有着与其他国家相似的共性,更有着历史发展带来的特性。这章将阐述自中华人民共和国成立以来历次汇率调整的政策变动以及对外贸易逐渐壮大的发展趋势。作为整个研究的背景,本章将简要考察这两者之间的发展历程及变化趋势。

自1949年中华人民共和国成立以来,尤其是改革开放以来,人民币汇率制度改革经历了由固定汇率制度向浮动汇率制度、由当局行政控制到逐渐开放市场的过程,在此期间中国的对外贸易发展同样经历了由封闭到开放、由行政计划到市场主导、由萧条单一到繁盛多元的景象。每一次汇率制度改革及外贸政策变动都有着深刻的历史背景及政策涵义。需要注意的是,由于本研究的分析是将汇率作为外生冲击,因而在回顾汇率制度的变迁之时并不具体分析决定汇率的因素。本研究的重点依旧是外贸活动的发展沿革以及外贸与汇率之间的关联。第一节将概览人民币汇率制度的改革;第二节将介绍1949年中华人民共和国成立以来到改革开放这段时期的汇率变动与贸易发展;第三节将介绍改革开放以后至1993年社会主义市场经济发展时期;最后将介绍自1994年直到目前。

一、汇率制度与外贸发展的概述

汇率制度作为一国主要的经济制度之一,在一国的对外经济发展过程中发挥着重要的作用。自1949年中华人民共和国成立以来,人民币的汇率制度演化经历了如下几个阶段:首先,在改革开放之前,中国的汇率制度经历了单一的浮动汇率制(1949—1952年)、五六十年代的基本稳定的单一固定汇率制度(1953—1972年),以及布雷顿森林体系崩溃后以一揽子货币计价的单一浮动汇率制度(1973—1980年);其次,改革开放以来,人民币的汇率波动更加频繁,其间包括转轨时期的双重汇率制度(1981—1993年)、外汇体制改革后单一且有管理的浮动汇率制度(1994—2005年7月)和参考一揽子货币的有管制的浮动汇率制度(2005年7月至今)。具体如表3-1所示。

表3-1 中华人民共和国成立以来人民币汇率制度及汇率水平

时期	公布的汇率制度	实际的汇率制度
1949—1952年	有管制的浮动汇率制度	根据这一时期国内及海外物价水平来确定,并随物价变动而变动,波动幅度大
1953—1972年	有管制的浮动汇率制度	参照西方各国公布的汇率进行浮动,与物价水平相脱离。实质上盯住英镑
1973—1980年	有管制的浮动汇率制度	内部结算价、官方汇率并存的双重汇率制度,官方汇率施行爬行钉住制*
1981—1984年	盯住一揽子货币汇率制度	维持内部结算价和官方汇率的双重汇率制度;内部结算价保持2.8元人民币兑换1美元,官方汇率稳定在各国汇率的中上水平
1985—1993年	有管制的浮动汇率制度	取消了内部结汇,形成官方汇率与外汇调剂价格并存。1991年宣布浮动汇率制度,人民币贬值,外汇调剂市场随供求变动。两者差异逐渐增大
1994—2005年	有管制的浮动汇率制度	盯住美元,汇率长期稳定,对美元的名义汇率保持在8.27∶1的水平
2005年至今	盯住一揽子货币汇率制度	汇率波动区间加大,对美元升值

注:*爬行钉住汇率制(crawling peg)是指根据一国国内的通货膨胀情况,允许本国货币逐渐升值或贬值的一种汇率制度。在这个制度之下,汇率一般情况下是固定不变的,但在必要时候会随着通胀程度而作出小幅度的调整。资料来源:黄晓玲:《中国对外贸易》,中国人民大学出版社2006年版,第168—178页。

纵观中国历次汇率制度改革,可以发现如下的规律:(1)人民币汇率制度的改革是随着国内外经济形势变化而不断调整的,在制度的选择上没有陷入僵化。历次改革都有着深刻的历史背景和政策涵义。(2)人民币汇率调整的主要依据,是进出口成本的变化以及国内外价格水平的变动。汇率的制定围绕这些成本及价格水平进行综合考虑。(3)从程度上看,汇率调整主要是向下调整,也就是说贬值的时期较多,特别是改革开放以后的时期。(4)政府对于历次汇率改革的参与度很高,汇率受到市场供求影响较小,双轨制发挥了较大的作用。

视角转向对外贸易方面。中华人民共和国成立以后中国的对外贸易政策主要经历了以下几个阶段:(1)中华人民共和国成立后"对内节制资本和对外统制贸易"的基本政策,实现了私营进出口的限制和改造,建立了统一的外贸管理。这是国民经济恢复以及社会主义建设时期(1949—1957年)。(2)"大跃进"开始,国民经济和对外贸易出现了反复和波折时期以及"文化大革命"时期对外贸易的停滞和下降(1958—1976年)。这个阶段对外贸易发展遭遇了严重的挫折和后退。(3)改革开放以来下放外贸经营权及开展市场化调控(1978—1993年)。这个阶段改革了高度集中的经营体制,改革了单一的计划指令管理体制;推行承包经营制,各外贸经营总公司与省市外贸分公司脱钩,国家开始实施汇率、价格、税收等经济手段调控贸易发展;从1991年开始,大力推行外贸企业自负盈亏,取消出口补贴,打破"大锅饭"机制。(4)综合配套、统一政策、继续放开外贸经营权(1994—2001年)。(5)2001年开始,中国正式加入世界贸易组织,外贸经营管理开始与国际接轨。中国对外贸易的环境更加宽松和透明。

可以看到,中国汇率制度的改革与对外贸易制度的改革有着相类似的发展历程,在政府对汇率干预较多的时期,往往也是外贸计划统制的时期。在汇率开始市场化改革之后,对外贸易也经历了经营权下放的阶段。一般认为,中国汇率体制的变动是以鼓励出口及获得外汇作为汇率改革的目标,也就是所谓的实际目标导向型(Real Targeting Approach)。而汇率体制的多变性也体现了中国逐渐融入全球经济的过程。接下来,本研究将针对汇率制度改革的具体历史阶段,对该时期的汇率变动与对外贸易发展的相关关系作出阐述。

二、改革开放以前的汇率调节与进出口贸易

中华人民共和国成立前夕,中央政府就确立了"对内节制资本和对外统制

贸易"的方针政策，为中华人民共和国建立对外贸易的发展框架奠定了政策基础。在中华人民共和国成立初期，中央政府采取相关措施没收了国民党政府及官僚资本手中的外贸企业，并逐步改造这些私营的外贸企业，使之转变为国有资本并建立统一的国营外贸企业。自1949年中华人民共和国成立以来一直到1978年改革开放前夕，中国为了实现经济复苏及工业强国的发展计划，一直执行着高度集中的计划经济体制。在这个体制下所有的商品物价、对内对外经济运行都是由行政命令直接制定和干预，市场—价格调节机制并不能发挥应有的作用。在这个阶段，政府往往直接撰写、制定对外贸易的年度、月度指标计划，对于外贸活动实施统一的经营和管理。行政命令、统筹盈亏是这个阶段的外贸政策核心所在。在计划经济时代，从事对外经济活动的主体更多考虑的是如何按时按量完成由国家统一制定的各项计划要求，并不关心市场的供需状况，也不追求利润的最大化。这个阶段无论是汇率、利率、价格或者其他的市场调节手段都不能真正影响到外贸经营活动，汇率的高低波动也无法作为对外经济发展的丰缺信号。因此本研究认为，这个阶段的人民币汇率仅在进出口企业的统计核算中使用，汇率波动与对外贸易的实践活动是脱离、不相关的。这个阶段可以细分为三个时期，具体如下所述：

(一) 1949—1952年：国民经济恢复、人民币汇率单一浮动时期

中华人民共和国成立初期，人民币作为中国唯一认可的官方货币，在中国与他国进行经济往来时必须要有合理的价值基础作为衡量对外比价的依据。事实上，中华人民共和国成立初期的中国社会刚刚遭受了多次战争的摧残，社会经济的诸多方面近乎瘫痪、百废待兴。当时国库存有的黄金并不足以支撑人民币的顺利发行，人民币的含金量也不合惯例。一般来说，一国在与他国进行货币兑换之时，是不能凭借虚拟货币的含金量来决定兑换率的水平，因此人民币的定价相当被动。正是在这种不利且被动的环境下，中央政府决定以购买力平价作为基础，采取物价对比法①来确定具体的汇率比价，具体到出口部门的汇率则是采用出口物资理论比价。在这个方法下，人民币兑换美元的比价在天津首次公开，为1美元兑换80元人民币旧币单位。当确定了人民币和美元之间的汇率关系之后，其他币种与人民币之间的汇价则通过该币种与美元之间的套算来取得。当时全国的通货膨胀都十分严重，加之各地区之间物

---

① 其中根据出口物资理论比价、进口物资理论比价和侨汇购买力比价计算。

价水平差异较大。虽然有货币当局在天津公布的官方汇价,但其他地区例如上海、广州和厦门等因地制宜的、以各自实际情况为准,对官方公布的汇率作出一定程度的调整,并向外界公布该地区的外汇牌价。

由于这段时期的国民经济百废待兴,黄金库存及外汇储备都十分匮乏,政府寄希望于通过一系列的行政政策来鼓励出口,并用出口赚取的外来资金购买中国生产生活所需要的进口商品,也就是以出口来带动进口。正是在这样的政策主张下,中国政府于1949年1月到1950年3月之间实施了"奖励货物出口,限制货物进口,照顾侨资侨汇"的对外经济策略。人民币汇率对于鼓励出口、限制进口起到了有限的作用,大多数大宗出口商品厂商也因此获得了相当可观的利润回报[1]。然而,这段时期的国内环境是物价飞涨,汇率的调整也相当频繁[2],在数十次的调整之下人民币大幅度贬值:1949年3月人民币汇率为600旧币兑换1美元,而这个汇价在短短一年之后,即1950年3月便大幅下降为42 000旧币兑换1美元。

1950年3月开始,中央政府开始着手统一安排财经工作,希望改变混乱低迷且物价膨胀的社会经济环境。在政策的发力下,全国各地物价趋向稳定,之前频繁波动且飞速贬值的人民币汇率也在平稳中逐步回升。放眼同期的国际社会,正值国际大宗商品大幅涨价、美元汇率迅速贬值。与单一美元挂钩的人民币,汇率由1950年3月的42 000旧币兑换1美元变动为1951年5月的22 380旧币兑换1美元,升值幅度高达46.7%,前后经过15次的调整。[3]

为了突破自朝鲜战争爆发以来各西方资本主义国家对中国对外经济的封锁和制裁,以及疏通被迫阻塞的对外经济拓展渠道,中央政府的对外经济方针政策变更为:"奖励货物出口,兼顾货物进口,照顾侨资侨汇",改变了之前对货物进口的政策约束。受到人民币升值及进口政策的鼓励,进口贸易开始大幅度增长。1950年中国进出口总额为11.36亿美元,到1952年增长至19.41亿美元,增长幅度约为70%。其中,进口从1950年的5.83亿美元增长至11.20亿美元,增长幅度约为49%。1952年9月,内销和外销开始实施分开管理,外贸部也正式成立。这段时期的外贸政策的特点是将国内市场与海外市场分隔开,以此保护中国幼稚产业的壮大发展。

---

[1] 这一时期大约75%—80%的大宗出口都获得了平均10%—15%的利润水平。
[2] 据杨帆(2005)的统计,这一时期人民币汇率调整大约有52次之多。
[3] 资料来源于国家统计局,经过笔者整理。

综上所述,在中华人民共和国成立的最初两三年间,社会经济的各个领域百废待兴,对内对外经济贸易亟待步入正轨。中央经济工作的主要目标是确定合理的汇价以及复苏、发展经济,在这个目标之下对外汇实施了集中的管理。这段时期对外进出口的政策是以出口带动进口,以外汇资金促进货物进口。人民币汇率对于服务国家的经济发展起到了一定的作用,但作用是十分有限的。汇率的高低基本上是由货币当局直接制定和控制的,外贸活动依旧是主要依靠行政指令和统一管理来运行,与汇率之间的关系并不是很明显,也不能从中看到市场机制发挥的有效作用。

(二) 1953—1972年:基本稳定的单一固定汇率制度

中国的社会主义全面建设时期始于1953年,这段时期政府基本完成了对于国内私有资本主义的社会主义改造。在对外经济方面,政府也制定了一系列的目标计划和发展政策,对进出口贸易进行统一的行政管理。经营对外贸易活动的主体依旧是各大国营的对外贸易公司。由于带有浓烈的行政色彩和政策目标,国营外贸公司重视的是如何完成某一年度由国家统一安排的进出口计划,而不重视如何增强实力、拓展业务以及增加利润。从1964年开始,中国还采取了对于部分进口商品的价格进行一定的价格加成的策略,以进口盈利来弥补出口的亏损。总的来说,与上个时期类似,这个时期的人民币汇率依旧几乎不能发挥对于进出口贸易的任何调剂作用,事实上人民币汇率与对外贸易发展也基本上脱离了。人民币汇率的功能仅仅体现在非贸易部门的外汇结算。

与此同时,这段时期在严格的中央统筹管理下,国内各地物价较为稳定。人民币汇率对于非贸易外汇收入和侨汇收入的兼顾功能基本完成,没有继续调整的必要性。而在当时所处的国际环境大背景下,国际货币体系仍旧处于以美元为核心的布雷顿森林体系的控制之下,各国维持的都是固定汇率制度。综上所述,在国内和国外的经济金融环境都相对稳定的时期内,人民币汇率一直维持在2.46元人民币兑换1美元的水平上。

(三) 1973—1980年:钉住一揽子货币的单一浮动汇率

20世纪70年代初,美国经济实力相对于后发崛起的欧洲和日本来说有所削弱,美元的霸主地位也因此被打破。自1973年开始,西方主要资本主义国家先后放弃了固定汇率制度,并纷纷转向浮动汇率制度。以美元为中心地位的布雷顿森林体系自此全盘崩溃。这段时期各国的汇率波动都日益频繁。

为了保障中国和其他国家之间正常的对外经济往来不受影响,人民币不再单一盯住美元,而是转向盯住一揽子货币的形式。货币篮子的选择与当时对外贸易的伙伴国或者地区密切相关,货币篮子的种类及权重也根据当时外贸发展的实际情况进行确定和调整。具体做法是,首先根据固定汇率制时期所确定的、与各国货币比价为基础,以中国外贸的实际发展状况及外贸货币的币值变动为依据,进行因时制宜的即时调整。与世界上主要国家相类似,这段时期的人民币汇率变动同样异常频繁,仅仅在1978年短短一年的时间内,人民币兑换美元汇率的调整次数就多达60次。出于保值的目的,人民币汇率在这段时期一直维持在各国汇率的中等以上水平。美元及英镑对人民币汇率不断贬值,从1971年到1979年,两者对人民币的贬值幅度均在40%以上。

在这段时期,中国货币当局放弃了人民币单一盯住美元的汇率制度安排,转向盯住一篮子货币,货币的币种及权重参照与中国经贸往来的国家及比重。这在一定程度上维持了对外贸易发展的稳定性,也达到了人民币本身的保值目的。但是,由于当时计算贸易权重及贸易伙伴国币种的依据与实际情况存在不少偏差,加之对外公布的汇率水平与真实情况的汇率水平相差甚远、贸易价格与非贸易价格的偏离十分严重,以至于汇率的高低走势无法反应当时市场上真实的供求关系。

与此同时,外贸主管部门在这段时期采取了一系列的外贸改革措施,进一步巩固和发展了统一管理、统负盈亏、高度集中的外贸体制,最终形成了13家专门从事进出口贸易的公司、垄断了出口市场。可以说,在这种由国家垄断外贸经营、制定汇率定价的情况下,汇率与出口都是依靠各自的政策指令强制推动,而两者相互之间并没有太多自发的联动。

三、改革开放以来的汇率调节与进出口贸易

1979年中国政府开始实行"对内改革、对外开放",改革开放正式拉开了序幕。改革开放为中国经济带来了近三十年的持续增长,尤其是对外经济取得了十分优异的成绩。这段时期的对外贸易经历了多次市场化的改革方针,汇率制度也经历了数次变化,开始随着对外进出口与国际金融的变化而浮动,在一定程度上起到调节内外经济的作用。对于出口的偏好是这段时期的外贸政策特点,因此相关的政策也定然向着能够为中国带来大量外汇收入的出口部

门倾斜。中国经济一步一步从计划经济体制时代走向市场经济体制时代,汇率的政策制度也存在着鲜明的时代特征。内部结算价和官方汇价的并行发展在这样的过渡时期也具有一定的历史必然性。

(一) 1979—1984 年:内部结算价与官方汇价的双轨制

长期以来,人民币汇率的上下波动都与进出口贸易的实际情况相分离,到了改革开放初期,人民币汇率被严重高估。如图 3-1 所示,1978—1980 年对外贸易收支的逆差不断增大。从 1979 年开始,对外经济体制发生转变,外贸企业由之前的中央统筹、集中统负的模式,转向外贸公司自主经营、自负盈亏的模式。外贸管制机构的放权激发了这段时期人民币汇率被高估的矛盾。1979 年官方汇价为 1.56 元人民币兑换 1 美元,而同一时期的平均换汇成本是 2.41 元人民币兑换 1 美元①。为了全面改善出口亏损、进口盈利的状况,也为了促进出口发展,自 1981 年 1 月 1 日开始,中国开始施行人民币与美元兑换的内部价,与此同时采用盯紧一揽子货币的计价原则公布人民币对外牌价,汇率双轨制开始试行。其中内部结算价的计算方法是按照 1978 年的全国范围内实际平均换汇成本加上出口利润的加成价格来兑换美元,大约是 2.8 元人民币兑换 1 美元。这个价格在之后的几年时间里基本都维持不变。

作为权宜之计的内部外部汇率双轨并行,在一定程度上缓解了外贸逆差,增加了出口额。如图 3-1 所示,自 1981 年开始,贸易收支逆差收窄,至 1982 年贸易收支转为顺差。然而,这种内部外部分别定价的双重汇率也为外汇管理带来了很大的困难。譬如如何界定公司行为是内销还是外销,就存在诸多难点。另外,双轨制在当时也引发了国际社会的质疑,IMF 也规定这种双重汇率制度只能是一种暂时的权益行为,不能是长久之计。人民币汇率最终仍是要从双重标准走向单一标准。

这段时期的对外贸易体制改革取得了巨大的胜利,使得中国从一个闭关锁国的小国一跃成为一个对外开放的贸易大国。外贸体制改革是分阶段、分层次进行的。政府逐渐放开部分贸易经营的权力,包括对贸易公司的自主化改革。外贸计划范围逐步缩小,政企分开,国营外贸企业对于生产和流通的控制能力在减弱。

---

① 资料来自国研网,经笔者整理。

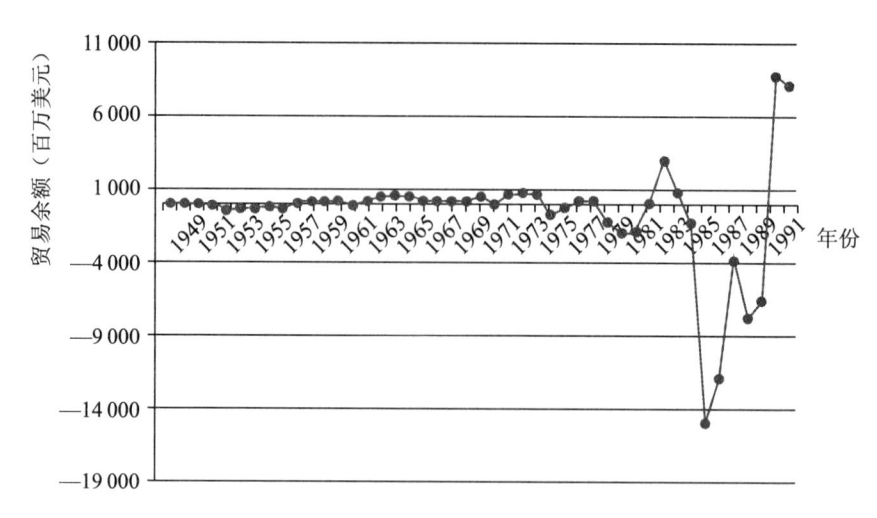

图 3-1　中国历年对外贸易收支余额情况
资料来源：UNCTAD 数据库。

（二）1985—1993 年：官方汇率与外汇调剂汇率并存

如前所述，由于外贸部门的内部结算价带来了一系列的麻烦，例如管理混乱、结算界限辨析困难等，注定这种内部结算牌价只能是一个权宜之计而不可能长久。随着西方主要资本主义国家的经济复苏，美元与人民币兑换的汇率不断上升，到了 1984 年年底，外贸的内部结算价已经非常接近外汇部门对外公布的牌价。自 1985 年 1 月 1 日开始，政府的官方对外牌价与贸易部门的内部结算价实现了并轨，内部结算价自此正式废除。到了 20 世纪 80 年底中期，中国国民经济开始转热，价格、工资开始改革，拉动了消费和投资的快速增长态势，物价水平也在大幅上升。人民币汇率此时已不适应物价的变化，为了消除汇率高估的影响，当局通过不断改变货币权重来调整官方汇率，使得人民币汇率接近实际水平。但是，物价的上涨速度要快于汇率的调整速度，导致官方汇率一直低于出口换汇成本（如图 3-2 所示）。由于汇率被高估，80 年代中后期一直存在着巨额的贸易收支逆差（如图 3-1 所示）。为了改善贸易收支、促进出口的发展，1985 年开始当局再次提高外汇留成，并成立外汇调剂中心。直到 1988 年底，全国多个地区都设立了外汇调剂中心，人民币汇率制度再次成为双轨制。

自 1988 年开始，中国对外贸易体制开始改革，施行外贸企业责任承包、增益分成的举措。之后又于 1991 年废除了外贸补贴，施行自负盈亏的机制。人

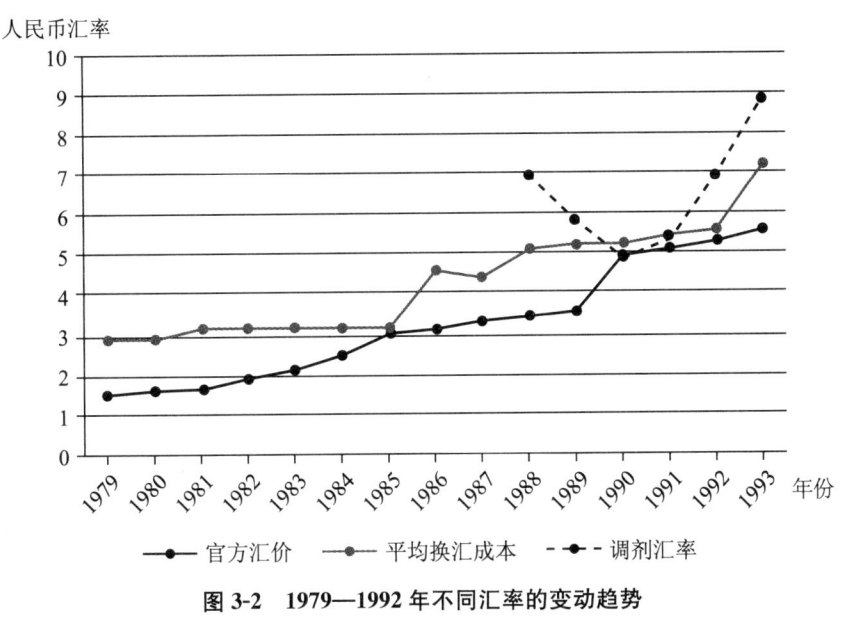

第三章 人民币汇率历次调整与对外贸易的历史沿革 / 35

图 3-2 1979—1992 年不同汇率的变动趋势

资料来源：选自吴念鲁、陈全庚所著《人民币汇率研究》，经笔者整理所得。

民币汇率成为调节外贸的主要方式。由于建立了外汇调剂市场，调动了对外贸易经营商出口的积极性，并经常通过这种方式来弥补出口的亏损，于是出口就得到了增长。然而，改革开放使得外汇的需求远远大于供给，外汇调剂市场的汇率又根据供需所定，因而促使外汇调剂市场的汇率与官方公布的牌价差距呈现扩大的趋势。这是双重标准的又一弊端。随着改革开放的深入及对外经济的扩大，外汇的供需矛盾愈演愈烈，决定这种双轨制也只是一时的权宜之计，终究会合并为一种汇率。

四、社会主义市场经济时期的汇率调节与进出口贸易

1993 年公布的《中国中央关于建立社会主义市场经济体制若干问题的决定》，提出要建立以市场供需为基础的有管制的浮动汇率制度并规范外汇市场。自此，无论是汇率的形成、波动还是对外经济的管理都开始走向市场化道路。随着全球经济往来的进一步深化，汇率不再单单作为调剂外贸盈亏的手段，而是有着更多的服务目标。汇率的市场化趋势越来越关乎微观企业的利润，因此受到微观实体的更多重视。

(一) 1994—2005年:盯住美元的汇率制度

由于外汇调剂市场汇率和官方汇率之间存在不可调和的矛盾,两者价格差距甚大,1994年前美元兑人民币的官方汇率是5.7元人民币兑换1美元,而外汇调剂市场的价格则达到10元人民币兑换1美元。在这种情况下,外贸企业更愿意通过外汇调剂市场来出售外汇,而非卖给商业银行。长此以往,外汇调剂市场挤占了官方市场①。

为了增加官方外汇储备,缩小官方汇率与市场调剂汇率的差距,自1994年1月1日开始中国货币当局宣布人民币官方汇率和外汇调剂市场汇率正式并轨和强制结售汇制度,实现了外汇由企业到商业银行再到中央银行的集中。之后,中央银行持有的外汇不断增加。官方汇率由1993年12月31日的5.8元人民币兑换1美元调整到8.7元人民币兑换1美元。自此,中国开始实行以市场供需为基础的、单一的有管制的浮动汇率制度。汇率的形成机制如下:个人或者企业按规定向银行提出购汇申请,银行进入银行间外汇交易市场,形成所谓的市场汇率。作为调控和管理机构,中央银行设定一定的汇率浮动范围(银行之间0.3%左右,客户之间大约0.25%),并通过调控汇率市场来维持人民币汇率的稳定。在这个机制下,中央银行在市场供求失衡时维持市场出清。这次汇率改革导致人民币汇率对美元一次性贬值到头,并开始维持长期的相对稳定(如图3-3所示)。

图3-4介绍了1994—2014年中国名义汇率与实际汇率指数的走势从中可以看到,自1994年汇率制度改革以来,人民币名义汇率与实际汇率大体走势相同,也保持着基本的稳定水平,这是由于中国维持着8.27元人民币兑换1美元的稳定。人民币名义有效汇率和实际有效汇率呈现着升值—稳定—贬值的趋势。

与此同时,这段时期中国对外贸易蓬勃发展,外贸的原动力已经由20世纪80年代以来的以汇率政策代表的贸易政策的扶持,转变为有劳动密集型比较优势的市场力量释放。自20世纪90年代起,中国对外贸易经营体制也发生了深刻的改革和转变,外贸企业获得的来自国家的出口刺激措施,例如出口补贴及外汇留成,都逐步被取消,外贸企业真正成为市场化经营的主体机构,并完成了公司制的改造。政府在市场中减少了指令性的干预以及进出口的诸

---

① 当时通过调剂市场进行的外汇交易大约占到全部外汇交易的80%—85%,通过官方市场进行的外汇交易却只有剩余的15%—20%,外汇黑市也相当活跃,这导致官方市场成为配角。

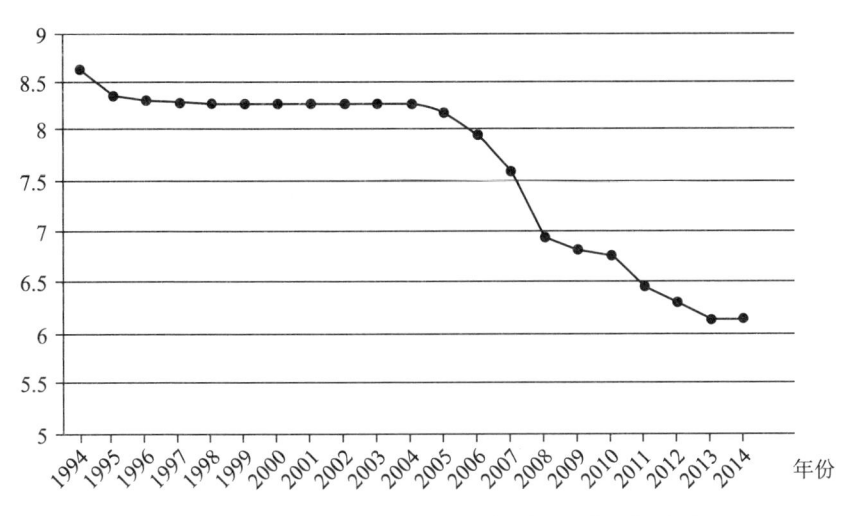

图 3-3 历年人民币兑美元汇率走势(年度;直接标价法)

资料来源:国家外汇管理局统计数据。

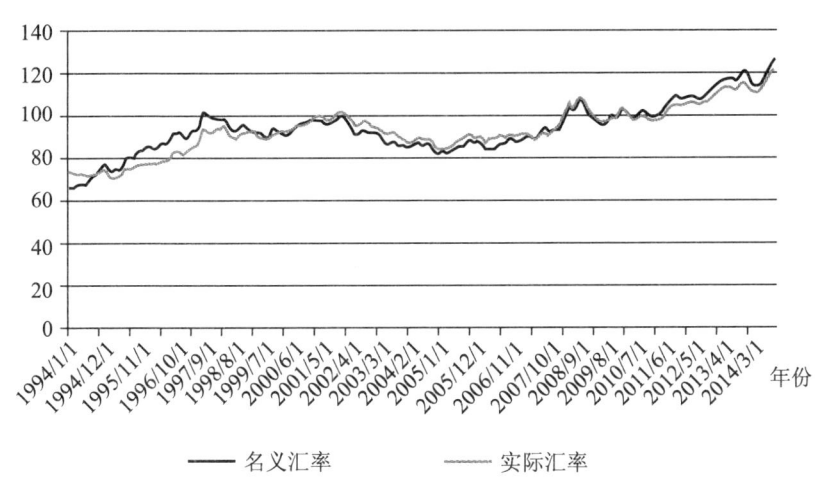

图 3-4 1994—2014 年中国名义汇率与实际汇率指数走势

资料来源:国际清算银行(BIS)数据库。

多限制①。进出口公司的市场化改革表明汇率的价格机制不再依据计划的改变而改变,对外贸易和汇率之间增添了市场化的因素。

---

① 资料来源于国家统计局。在出口产品中,1980 年由国家直接掌控的商品种类为 900 余种,这个指标到 1995 年锐减到 20 余种;在进口产品中,1993 年以前几乎所有产品都由国家直接掌控,这个指标到 1995 年锐减到 16 大类普通商品。

中国对外贸易的飞速发展得益于市场化改革道路以及对外开放带来的良机,尤其是在2001年年底中国加入世界贸易组织,直接导致外需扩大、市场拓宽。人口红利、廉价劳动力带来的比较优势得到充分的体现,也给对外贸易带来了黄金时期。在这段时期,盯住美元的汇率结算方式也在一定程度上保障了对外贸易的平稳有序发展。自1994年开始,如图3-5所示,贸易收支持续保持顺差水平,贸易余额呈现波动上升的趋势,外汇储备迅速攀升,货币升值压力日益增大,国际社会关于人民币升值的呼声也越来越高。

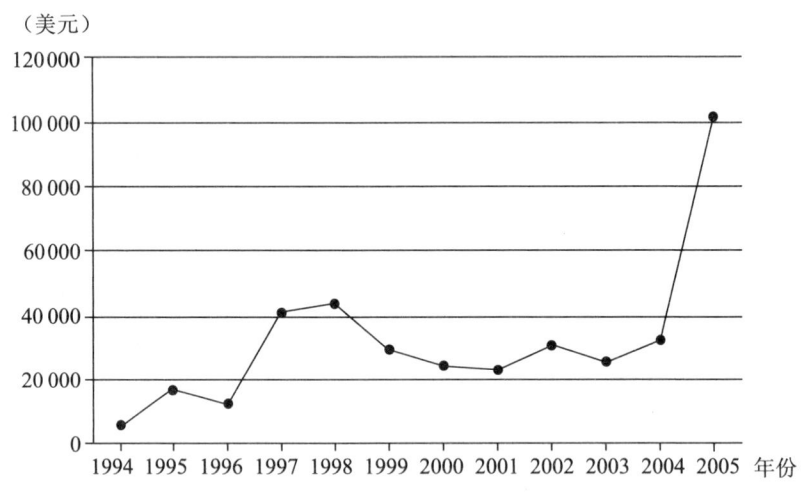

图3-5　1994—2005年中国外贸收支余额

资料来源:UNCTAD数据库。

(二) 2005年至今:参考一揽子货币的浮动汇率制度

随着对外贸易的持续扩张,国际收支顺差继续增大,国际上对于人民币升值的压力也越来越大。如果根据传统的以出口换汇成本来衡量汇价的方法,1999年的名义汇率8.27元人民币兑换1美元已与实际汇率的7.4元人民币兑换1美元相差较远。如果考虑到物价因素,剔除掉非贸易部门的一些飞速涨价的产品,人民币实际汇率则被低估得更严重(王叙果,2005)。这样的情况从国外和国内分别来看都具有不利之处。首先,中国对外贸易额的持续增加,尤其是出口蓬勃发展,使得对外经济多年以来一直维持双顺差和巨额的外汇储备,故此加深了与国际社会的贸易摩擦争端。美欧等世界上的主要发达国家针对此联合起来对人民币升值施压,希望通过人民币的升值来转嫁其国内的经济危机和失业率上升等问题。关于人民币汇率的争端实际上来自对外贸易的争端。从国内看,长期盯住单一美元的汇率制度严重削弱了国内货币政策的独立性,低估的汇率对于国内产业转型升级也产生了影响。在"内忧外患"的环境之下,一个更加灵活的汇率制度呼之欲出了。

正是基于以上背景,2005年7月21日,中国对于人民币汇率制度进行了新的一轮改革。[①]具体是,施行以市场实际供需为基础、参考一揽子货币进行调节、有管理的浮动汇率制度。消息发布当日人民币对美元升值约2%。这次汇率制度改革有以下几处亮点:(1)由原来单一盯住美元汇率转为参考一揽子货币进行调节。货币篮子选取与中国国际关系交往频繁的主要伙伴国家和地区,综合考虑外贸、外商直接投资等活动比重较大的国家和地区,发挥汇率调节价格方面的信号作用;(2)本次改革绝非仅仅是汇率水平在数量上的简单变动,而是涉及汇率机制的改革;(3)本次人民币汇率改革是中国人民银行主动的改革行为,而非迫于国际社会的压力。主动的改革保住了主体的汇率制度不改变,且在此基础上作出小范围但关键的变革,对于应对盯住单一货币的风险、完善人民币汇率形成发展机制、维护对外经济贸易发展和稳定、促进国际收支平衡有重要的意义。

继2005年7月21日汇率制度改革之后,中国又先后实行了与改革所配套的相关汇率制度。2008年全球危机的爆发一度令人民币汇率改革停滞不前,但随着全球经济的复苏,2010年6月人民币汇率制度改革再度启动,突破了6.82元人民币兑换1美元的情形,进入了升值周期。2013年伊始,人民币汇率开始出口双向波动的迹象,这意味着人民币已经十分接近实际价格。但是人民币汇率的形成依旧是央行参与过多,市场化机制参与过少。人民币汇率制度变革在未来仍旧有很长的路要走。

这段时期的人民币汇率制度由过去的单一盯住美元转变为盯住一揽子货币,而货币篮子是与中国对外经济活动高度相关的国家和地区,因而这样的汇

[①] 2005年7月21日中国人民银行对外发布《关于完善人民币汇率形成机制改革的公告》,主要包含的内容如下:"其一,着手实施以市场供求为基础、参考一揽子货币进行调节、有管制的浮动汇率制度;其二,中国人民银行在每日闭市后公布当日外汇市场某种币种对人民币汇率的收盘价,作为下一个工作日该种货币对人民币交易的中间价;其三,2005年7月21日19时,8.11元人民币兑换1美元,指定银行可据此中间价对客户调整挂牌价;其四,美元兑人民币的浮动幅度在银行间外汇市场交易维持在中间价的千分之三范围内,其他币种也维持在一定的范围内。人民银行会根据国内外经济形势及市场表现即时调整汇率。"

率机制比之以往要更加合理。推进汇率改制能够消除货币价格的扭曲,增强政策的独立性,也有利于对外贸易的发展。

自 20 世纪 90 年代开始,中国对外开放进入到深入发展的阶段,这个阶段人民币汇率保持平稳的态势。这个阶段国内较为平稳的宏观金融环境为外汇活动创造了良好的发展基础。按理说人民币汇率对于外贸活动应当有较为明显的作用,但是如图 3-6 所见,从 1994 年到 2008 年金融危机前夕,无论是人民币实际有效汇率上涨还是下跌,中国出口总额都呈现出持续攀升的景象,汇率对出口的影响并不明确。而在 2009 年汇率(此处为直接标价法)与出口呈现了反向变动的关系,说明人民币升值对于出口有促进作用,这似乎并不合乎逻辑。可以说,从加总层面来看,人民币汇率对于中国出口的影响并不明显。中国出口的持续增长似乎更多的来源于外贸政策的推进及廉价劳动力的比较优势。可以认为,宏观层面上汇率对于中国出口的影响是受到诸多因素共同造成的,因此无法通过简单的描述统计来判断两者之间是否存在明确的因果关系,有待后文在实证检验中继续分析。

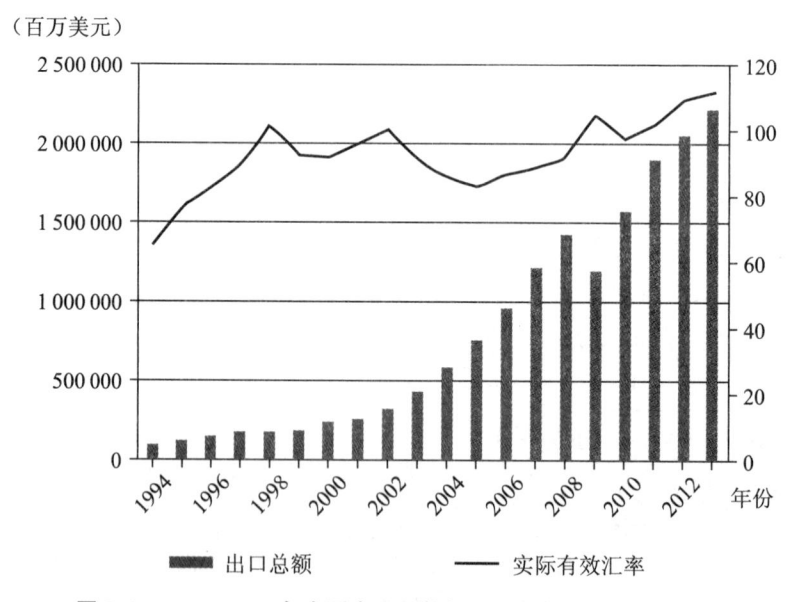

图 3-6　1994—2012 年中国出口总额与实际有效汇率变动趋势

资料来源:出口资源来源于 UNCTAD 数据库;
人民币实际有效汇率指标来源于 BIS 数据库。

五、本章小结

本章回顾了中华人民共和国成立之后在各个时期人民币汇率制度改革与对外贸易发展的基本情况,具体阐述了每一次制度改革背后的深层次历史原因、制度施行的具体措施以及最终达到的效果,并分析了由于各项因素所导致的问题和缺陷。从总体上看,人民币汇率制度的改革基本上历经了由货币当局控制到当局控制与市场参与并行,再往后在汇率的制定和管理时越来越重视实际市场供求影响的这样一个变化过程。在这个过程当中,先后两次出现了汇率的双轨制,即贸易部门的结算价与非贸易部门的官方牌价并行的情况,但最终都因为这种双重标准的汇价不符合对内对外经济发展的要求,反而加深矛盾,因此都以双轨制的并轨而告终。

具体的,在统收统支的计划经济时代,进出口贸易由国营的外贸公司垄断,进出口的产品由政府制定计划、统负盈亏。在这种情况下,市场机制并不能发挥应有的作用。汇率被作为调整外贸收支的价格工具而存在,是外贸政策的有效组成部分,也在一定程度上决定了外贸发展的走向。但这个时期无论是汇率还是进出口都是作为外生指标而存在的,因此探讨汇率对于进出口的影响没有多少实际价值;在政府开始市场化的经济体制改革并实行对外开放以后,外贸当局下放了外贸控制权,进出口企业也开始自主经营、自负盈亏,真正开启了市场化的竞争。外贸政策此时更多表现为鼓励劳动密集型企业进行加工贸易的出口,发挥廉价劳动力比较优势。此时汇率开始通过市场机制来影响企业的进出口行为。自2005年开始,中国正式进入对外贸易的调整阶段,强调转变对外贸易的增长方式、优化出口的商品结构,从重视数量到数量质量并重,并且更加重视进口贸易的重要性。

第四章 汇率波动与异质性企业：理论框架

上一章回顾了自中华人民共和国成立以来，各个历史阶段人民币汇率政策变动是如何影响同一时期的外贸进出口发展的。在政府作出市场化改革之前，国家垄断了汇率的制定以及进出口的指标，在这种情况下人民币汇率对于对外贸易发挥的有限作用并不是基于市场化的行为，汇率与贸易也都属于外生的变量，探讨汇率对于进出口的影响是没有多少实际价值的。在改革开放以后，出口的管理权被逐渐下放，进出口企业也开始自主经营、自负盈亏，真正开启了市场化的竞争。以改革开放为分界线，上一章对比了外生给定汇率对于出口贸易存在何种笼统的影响。然而，如前所述，讨论汇率对于宏观层面的出口额的影响常常会出现偏误。为了消除这种偏误，需要从微观层面去观察汇率对于企业出口行为的影响，并通过微观层面的影响机制解释宏观层面的弱相关。

本章将介绍整个研究的理论框架。由于本研究关注的问题是汇率波动对于出口的影响，在加总层面上因为加总偏误、反向因果以及指标误差等无法给出一个合理的解释，因此本章将从微观企业入手，试图挖掘微观价格、数量机制对于汇率波动的弹性关系。简要地说，出口总额对于汇率波动的弱相关是因为汇率在传导的过程中出现了不完全性。汇率的不完全传导有很多解释的机制，例如企业的市场占有、产品的竞争强度或者进口投入都会对价格产生影响。笔者在这里则使用企业因市场的异质性定价决策以及进口国市场存在的外包分销成本作为解释汇率的价格不完全传导的两个重要因素。

目前理论界的研究大多针对后半部分，即把进口国市场的分销成本视作汇率对于消费者价格不完全传导的原因，但这样做往往忽略了前一层次，即生产者因汇率波动而作出的调整生产者价格的决策行为。事实上，生产者的因市场定价行为为解释汇率的不完全传导贡献了与分销成本同等重要的因素,但由于理论模型的忽视和实证数据的不可得,这样的研究仍旧少见。因此本章旨在构建一个加入了生产者的因市场定价行为连同当地市场分销成本的异质性企业理论模型,试图解释从出口厂商的生产者价格到进口价格(到岸价格)再到消费者价格的这样一个传导过程中,出口厂商和分销成本是如何影响汇率传导的。在分析中,本研究尤其关注具有异质性的出口厂商对于汇率波动的差异化最优决策。本章的具体研究思路如图4-1所示。

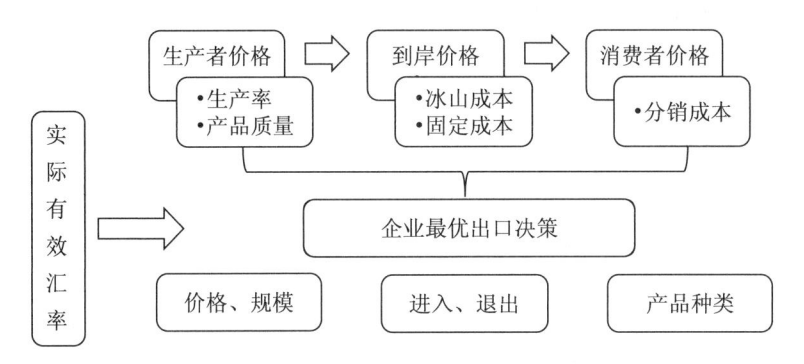

图 4-1 实际有效汇率对于企业出口决策的传导机制

由于上述的分析涉及生产者的最优行为决策,因此需要讨论微观出口企业与汇率冲击的联系。为此,本章将参照 Melitz(2003)经典的异质性企业理论,以企业生产率作为影响企业出口行为的核心变量①,并以企业出口的可变成本、固定成本作为出口需要垫付的成本费用。由于企业具有异质性,高生产率的企业往往能够获取较高的预期利润,在不存在外源融资②的情况下,出口所需垫付的一系列成本费用可以倚靠足够的利润来支撑。因此企业存在"自选择效应(Self-selection Effect)",进入海外市场的企业的生产率在平均意义上是高于非出口企业的,也正是因为这个原因,资源得以在全球范围内实现优

---

① 除了生产率这个指标,理论界也同时考虑产品质量的异质性来解释国际贸易的模式和价格。企业生产率和产品质量这两个维度对于企业产品价格的影响方向相反,但是对于企业的利润影响却是一致的。企业利润与企业价格之间的非单调关系能够让模型解释更丰富的经济现象。当这两个维度结合到一起,则企业的均衡价格成为生产率水平和产品质量的函数。本章第一节运用生产率来作为企业异质性的衡量指标,在第三节则提供以产品质量替换生产率来衡量企业的异质性。结论是相似的。

② 外源融资是指从银行等中介机构获得资金的方式。不同类型的企业所受到的融资约束是不一样的。

化配置。

Melitz(2003)的模型虽然为微观企业行为导致宏观出口变动提供了一个解释,但模型中并没有加入影响价格变动的外生汇率指标,与此同时模型假定的垄断竞争市场也认为企业的成本加成是固定不变的。事实上,汇率作为不同国家之间的产品比价,当其发生波动时势必会对微观企业个体的出口行为产生一定的影响。因此将汇率这个变量纳入分析框架中是很有必要的。再者,企业作为市场主体,是会对汇率波动产生反应,因此生产者价格加成随汇率波动而调整是合乎逻辑的。

进一步,Melitz(2003)将加总出口分为集约边际和扩展边际,其中集约边际是指已经存在于市场的企业的出口增长,扩展边际则着眼于新增企业为市场带来的增长。由于企业存在异质性,从集约边际来看,高生产率的企业由于在前一期获得高额利润,因此在当期能够支付更多的固定费用,进而拓宽市场增加出口量。低生产率的企业则只能维持现状甚至减少出口量。那么当加入了汇率的波动,不同生产率的企业是否会针对汇率波动作出不同的调价行为,进而影响企业的出口?从扩展边际来看,由于出口固定费用的存在,生产率较低的企业只能在国内销售,无法进入出口市场。当汇率发生波动时,这些低生产率的企业是否有机会进入出口市场?如果答案是肯定的,那么汇率波动不仅影响了现存出口市场上的企业行为,也影响了新增企业的出口决策,从总体上会对资源的调配产生新的影响。

综上,本章将参照 Melitz(2003)和 Berman 等(2012)的理论分析框架,将实际汇率和分销成本这两个变量纳入异质性企业出口决策的分析体系内,试图找到汇率波动与企业生产率[①]及分销成本之间的相关性,并从集约边际和扩展边际两个方向上找出实际汇率波动对于异质性企业出口行为的影响,以期在加总层面为汇率与总出口额弱相关提供一个合理的解释。具体是,第一节将给出汇率波动与出口行为的关系,第二节提供汇率波动与产品质量的关系,第三节将解释汇率波动对产品种类的影响,第四节是本章小结。

[①] 关于企业生产率的测算,目前学术界主流的方法是采用全要素生产率(Total Factor Productivity)作为分析指标,也有少部分运用全员劳动生产率、近似全要素生产率作为替代或者稳健性检验指标。

一、汇率波动与出口行为

(一) 生产者价格的汇率弹性

参照上述 Melitz(2003)异质性企业出口选择经典理论模型的基本假定,本研究的分析同样建立在一个拥有垄断竞争市场的分析框架内。之所以选择垄断竞争市场作为分析对象,是因为垄断竞争市场与完全竞争市场、垄断市场相比更接近现实情况。垄断竞争市场与完全竞争市场有诸多相似之处,例如有众多的买者和卖者、市场进入和退出都是自由的,以及每个企业都是价格的接受者;但垄断竞争市场还有其独有的特性:垄断竞争市场的产品是非同质、有差别的,但这些有差别的产品之间又具有较高的替代性。一方面,各个厂商可以塑造出有特色的产品,进而在部分消费者当中获得垄断地位,即相对的垄断。另一方面,这些产品虽然有所差异,但依旧是同一类产品,之间势必存在着替代性,这种替代性又会引起厂商之间的竞争。

为了分析上的简便,本研究假设市场上只存在一个行业,这个行业内有大量的厂商生产不同质的产品,每个厂商只生产一个产品①。产品是连续的。在大多数的分析当中,来自汇率波动的冲击被视为是外生的不可预测的,也有一些研究将其作为模型的内生变量。例如 Corsetti 和 Dedola(2005)、Ghironi 和 Melitz(2005)、Atkeson 和 Burstein(2008)。其中,Corsetti 和 Dedola(2005)构建了一个汇率内生的一般均衡模型,明确指出在完全竞争市场的条件下,两国贸易往来的双边实际汇率仅仅取决于两国之间相对的货币政策差异。因此在讨论宏观经济时,汇率作为一个内生的变量更加合理。但由于本研究的关注点主要集中于微观企业层面,而在企业这个层面之上,汇率完全可以被当作是外来的、与自身系统不相关的冲击,且单个企业行为是无法影响汇率变动的。因此本研究将延续 Berman 等(2012)的思路,认为模型中的实际汇率是外生、独立于分析框架的。

1. 偏好及技术

在汇率外生的前提之下,本研究首先建立一个标准的 Dixit-Stiglitz② 模

---

① 笔者在这里首先探讨生产单个产品的厂商出口情况,之后会扩展到拥有多产品厂商的出口情况。
② Dixit 和 Stiglitz 于 1977 年在文章《Monopolistic Competition and Optimum Product Diversity》中建立了一个内部规模经济和多样化消费之间的冲突模型,为垄断竞争市场和内部规模经济的研究提供了一个简明的分析框架。

型分析框架,也就是说,消费是连续的、多样化的,市场上的消费者代表 i 消费第 φ 种商品具备常替代(Constant Elasticity of Substitution)效用函数①的特征:

$$U(C_i) = \left[\int_X x(\varphi)^{1-1/\sigma} \mathrm{d}\varphi\right]^{\frac{\sigma}{\sigma-1}} \quad \text{公式 4-1}$$

其中,$x(\varphi)$ 是消费者的效用函数,φ 是企业的全要素生产率,代表了企业的生产效率水平。由于之前假定每个企业只生产一种产品,所以 φ 也可用来标识不同的企业(产品)。市场上可用于交易的消费品集合为 X,任意两种商品之间的替代弹性为 $\sigma>1$。

研究假定企业如要从事出口贸易活动会产生以下的一系列费用:可变的冰山成本②、固定的出口费用以及目的国的分销成本。首先,可变的冰山成本是指企业在出口过程当中,由于种种原因而"融化"掉的那一部分成本,这些成本一经离岸便成为正的、不可逆转的一笔费用。故此设冰山成本 $\tau_i>1$,i 用来指代进口国。在将商品运输到 i 国的过程中,原本 τ_i 单位的商品在到岸时变成了 1 单位的商品。其次,为了能够进入海外市场进行销售活动,厂商必须要垫付一笔与企业自身生产率相关的固定费用 $F_i(\varphi)$③。之所以将固定费用作为生产率的函数,是基于 Berman 等(2011)认为生产率越高的企业,对于支付与创新、开拓市场渠道等固定费用则具备更高的意愿。最后,分销成本表示出口商品从到岸一直到进入消费者手中这个完整过程所需要支付的费用,用 δ_i 单位劳动来表示④。由于企业自身并不从事此项工作而是将其外包给相关机构,于是这部分费用会以当地货币直接支付给提供服务的外包机构。分销成

---

① 所谓 CES 效用函数就是两种商品之间的替代弹性为常数,它的一般形式为 $U(x_1, x_2) = (\alpha x_1^\rho + \beta x_2^\rho)^{\frac{1}{\rho}}$。当 $\rho=1$ 时,上述函数变为线性的完全替代函数;当 ρ 趋于 0 时,上述函数变为柯布-道格拉斯效用函数;当 ρ 趋于无穷大时,上述函数变为完全互补(Leontief utility function)的效用函数。

② 一般运输成本被看做是"冰山",类似于冰山从极地冰川漂往目的地时会在海洋气流和风的作用下逐渐融化。这是萨缪尔森于 1952 年提出的,并被克鲁格曼引入国际贸易的研究。

③ 关于 $F_i(\varphi)$ 的具体形式本书稍后会详细叙述。

④ 分销成本(distribution cost),又称为配送成本,是分销过程中所支付的费用总和。根据配送流程及配送环节,分销成本实际上是含分销运输费用、分拣费用、配装及流通加工费用等全过程。分销成本费用的核算是多环节的核算,是各个配送环节或活动的集成。分销各个环节的成本费用核算都具有各自的特点,如流通加工的费用核算与配送运输费用的核算具有明显的区别,其成本计算的对象及计算单位都不同。

本是独立的、不依赖于企业生产率的①。只有依赖于生产率变动的成本变量才是定义一家公司或者产品的核心变量。

由此,出口到 i 国的商品 φ 的消费者购买价格 $p_i^c(\varphi)$ 可被定义为:

$$p_i^c(\varphi) \equiv p_i(\varphi)\tau_i/\varepsilon_i + \delta_i w_i \qquad \text{公式 4-2}$$

其中,$p_i(\varphi)$ 是用本币表示的产品生产者价格,w_i 是 i 国的工资率,ε_i 是两国间的名义汇率。由于是间接标价法,当 ε_i 增大时表示本国货币贬值,反之则表示本国货币升值。$\delta_i w_i$ 是 i 国的分销成本,用当地货币直接支付给外包机构,分销成本与出口企业的生产率不相关。求解公式 4-1 的效用最大化,可以得出 i 国对于产品 φ 的需求水平:

$$x_i(\varphi) = Y_i P_i^{\sigma-1}[p_i^c(\varphi)]^{-\sigma} \qquad \text{公式 4-3}$$

其中,Y_i 是 i 国的总支出水平,P_i 是 i 国的整体价格水平。厂商生产及销售 $x_i(\varphi)\tau_i$ 单位的商品所需花费的成本函数如下所示:

$$C_i(\varphi) = w x_i(\varphi)\tau_i/\varphi + F_i(\varphi) \qquad \text{公式 4-4}$$

其中 w 是本国的工资水平,生产率 φ 能够影响厂商在出口市场上因为销售及拓展渠道等产生的一系列固定费用,因此固定费用是厂商生产率的函数。根据企业的商品价格、数量及生产企业所需的成本,可以得出本国企业出口商品 φ 到进口国 i 所能获得的利润为:

$$\pi_i(\varphi) = [p_i(\varphi) - w/\varphi]x_i(\varphi)\tau_i - F_i(\varphi) \qquad \text{公式 4-5}$$

2. 价格与集约边际

在垄断竞争市场的框架下,可以由公式 4-3 定义的产品 φ 的需求函数推导出产品 φ 的生产价格:

$$p_i(\varphi) = \sigma/\sigma-1(1+\delta_i \vartheta_i \varphi/\sigma \tau_i)w/\varphi = m_i(\varphi)w/\varphi \qquad \text{公式 4-6}$$

其中,$\vartheta_i = \varepsilon_i w_i/w$ 是本国与 i 国之间的实际汇率,是名义汇率经过价格平减所得。w/φ 表示厂商生产商品 φ 所需支付的边际成本。请注意,由于分销成本 ϑ_i 的存在,模型里商品生产的边际成本 w/φ 的价格加成 $m_i(\varphi)$ 高于一般情况下垄断竞争模型的价格加成。另外,价格加成 $m_i(\varphi)$ 是生产率 φ 的函数,

---

① Tirole(1995)认为"商品与零售是互为补充的",这也是 Burstein 等(2003)、Corestti 和 Dedola(2007)模型中的基本假定。

也就是说产品的成本价格加成是随着全要素生产率的变动而变动的。

值得指出,一价定律在这里不复存在。销往不同国家的某一商品 φ 的生产者价格依赖于国与国之间的实际汇率、贸易产生的固定成本费用以及在进口国当地需要用外币支付的分销成本费用,还有该国的加总工资水平。由此可以通过公式4-6算出,当实际汇率发生波动时,生产者价格对于实际汇率的弹性如下式所示。由此可以得到命题1的结论:

$$e_{p_i}(\varphi) = \frac{\mathrm{d}p_i(\varphi)}{\mathrm{d}\vartheta_i}\frac{\vartheta_i}{p_i(\varphi)} = \frac{\delta_i\varphi\vartheta_i}{\sigma\tau_i + \delta_i\varphi\vartheta_i} \qquad \text{公式 4-7}$$

命题 1:某种出口商品的生产者价格对于实际汇率的弹性大于零,并且(1)当本币发生贬值(升值)时,即当 ϑ_i 上升(下降)时,出口企业的生产率越高则生产者价格的调整幅度越大(越小),也就是说高生产率企业的生产者价格对于实际汇率波动的影响更加敏感;(2)弹性随着进口国市场的分销成本 δ_i 的上升而上升,即分销成本 δ_i 越大,企业的生产者价格对于实际汇率的弹性越大;(3)实际汇率 ϑ_i 增加时(本国货币贬值),企业的生产者价格对于实际汇率的弹性也会随之增加。

命题1直观地指出了实际汇率波动与生产者价格之间的弹性关系,最关键的三个变量是企业的生产率、进口国的分销成本及汇率波动程度:

其一,当两国之间的实际汇率发生波动时,出口企业通过调整出口商品的价格加成吸收了一部分汇率传导的影响,所以出口商品的生产者价格对于实际汇率的弹性值 $e_{p_i}(\varphi)$ 可以作为因市场定价(Pricing to Market)能力的衡量指标。弹性值 $e_{p_i}(\varphi)$ 越大,则意味着企业因市场定价的能力越强。低生产率的企业则因市场定价的能力较弱。汇率对于高生产率企业的传导是不完全的。除去生产率这个变量,其他能够衡量厂商出口表现的指标,如产品的异质性质量,对于这个结果也是支持的:当发生汇率波动时,那些产品质量较高的企业调整加成的幅度较高,产品质量低的企业则调价幅度较小。因此,汇率与生产者价格之间的弹性也会随着类似生产率这样能够反映厂商表现的变量的提升而变大。

其二,不同的进口国具有不同的分销成本。如果进口国的分销成本较高,则出口企业在面临贬值时会更加积极地去增加生产者价格的幅度。这是因为在分销成本较高的市场上,厂商能够接收到的价格需求弹性更小,于是加价行为并不会引发出口量的大量减少。

其三，当本国货币发生贬值时，分销成本在消费者所接收到的价格中占比就变大了，于是降低了商品的需求价格弹性。所以说本国实际汇率的贬值产生的影响是非线性的。

如前所述，可以将产品的进口价格（到岸价格）和消费者价格（以外国货币计价）可以表示成如下形式：

$$P_i^m(\varphi) = \frac{p_i(\varphi)\tau_i}{\varepsilon_i} = \frac{\sigma w_i}{\sigma-1}\left(\frac{\tau_i}{\vartheta_i\varphi} + \frac{\delta_i}{\sigma}\right) \quad \text{公式 4-8}$$

$$p_i^c(\varphi) = \frac{\sigma w_i}{\sigma-1}\left(\frac{\tau_i}{\vartheta_i\varphi} + \delta_i\right) \quad \text{公式 4-9}$$

通过公式 4-8、公式 4-9 可以发现，汇率变动对于进口价格和消费者价格的传导都是不完全的。这是由于出口厂商对于生产者价格进行了加成调整，并且当地存在不受汇率波动影响的分销成本。在因市场定价行为和分销成本存在的情况下，汇率对于进口价格及消费者价格的传导是不完全的。如公式 4-10 所示，由公式 4-8、公式 4-9 进一步计算出进口价格（到岸价格）对于汇率的弹性以及消费者价格对于汇率的弹性：

$$\frac{\mathrm{d}p_i^m(\varphi)}{\mathrm{d}\vartheta_i} \frac{\vartheta_i}{p_i^m(\varphi)} = -\frac{\sigma\tau_i}{\sigma\tau_i + \delta_i\vartheta_i\varphi}$$

$$\frac{\mathrm{d}p_i^c(\varphi)}{\mathrm{d}\vartheta_i} \frac{\vartheta_i}{p_i^c(\varphi)} = -\frac{\tau_i}{\tau_i + \delta_i\vartheta_i\varphi} \quad \text{公式 4-10}$$

由公式 4-10 可以得出，进口价格（到岸价格）和消费者价格的汇率传导都是不完全的。这种不完全传导一部分来自厂商的调价行为，另一部分则来源于进口国市场的分销成本。①如果进口价格的汇率弹性和消费者价格的汇率弹性都趋近于 0（当厂商具备足够高的生产率，或者当地市场具有足够高的分销成本），这种情况则接近于用进口国当地货币定价；如果趋近于 −1，则价格接近于本国生产者定价。

（二）出口规模的汇率弹性

上一节分析了出口的生产者价格对于汇率波动的弹性，并得出企业生产

---

① Hellerstein(2008)在研究啤酒市场的汇率传导时，认为汇率对于啤酒的不完全传导一半来源于厂商的因市场定价行为，一半来源于当地市场的分销成本。

率越高、市场分销成本越高的情况下,企业的生产者价格的汇率弹性越大。在生产者因市场定价及存在分销成本的情况下,汇率对于出口产品的进口价格及消费者价格的传导是不完全的。接下来,分析将转向厂商行为的另一个角度,考虑出口产量与汇率之间的弹性。一般来说,当出口商的生产率越大,则倾向于出口更多的商品,生产率与出口之间是正向关系:

$$x_i(\varphi) = Y_i P_i^{\sigma-1} \left(\frac{\tau_i}{\vartheta_i \varphi} + \delta_i\right)^{-\sigma} w_i^{-\sigma} \left(1 - \frac{1}{\sigma}\right)^{\sigma} \qquad \text{公式 4-11}$$

其中 p_i 是进口国 i 的加总价格指数,可以被定义为:

$$P_i = \left\{ \sum_{j=1}^{N} S_j \int_{\varphi_{ji}^*}^{\infty} \left[\frac{\sigma}{\sigma-1} w_i \left(\delta_i + \frac{\tau_{ji}}{\vartheta_{ji}\varphi}\right)\right]^{1-\sigma} \mathrm{d}G(\varphi) \right\}^{\frac{-1}{\sigma-1}} \qquad \text{公式 4-12}$$

其中 ϑ_{ji} 是 i 国(进口国)和 j 国(本国)之间的双边实际汇率,τ_{ji} 是在两国之间运输造成的可变冰山成本。只有生产率高于 φ_{ji}^* 的企业才能够垫付因出口产生的成本。本研究假定企业生产率的分布满足密度函数为 $G(\varphi)$ 的分布,$G(\varphi)$ 的取值在区间 $[0, \infty)$。可以看到,P_i 是 i 国与其所有贸易伙伴双边实际汇率的函数。当实际有效汇率下降(本国货币升值)时,价格指数 P_i 也随之下降,于是根据公式 4-11,出口产量也随之下降。

通过公式 4-11 可以计算出企业 φ 的实际出口量与实际汇率之间的弹性,并得出命题 2 的结论:

$$e_{xi}(\varphi) = \frac{\mathrm{d}x_i(\varphi)}{\mathrm{d}\vartheta_i} \frac{\vartheta_i}{x_i(\varphi)} = \frac{\sigma \tau_i}{\tau_i + \delta_i \vartheta_i \varphi} \qquad \text{公式 4-13}$$

命题 2:某种出口商品的出口总量对于实际汇率的弹性大于零,并且(1)当本币发生贬值(升值)的时候,即当 ϑ_i 上升(下降)的时候,出口企业的生产率越高则出口量的调整幅度越小(越大),也就是说高生产率企业的出口量对于汇率波动更加不敏感;(2)弹性随着进口国市场的分销成本 δ_i 的上升而下降,也就是说分销成本 δ_i 越大,企业的出口量对于汇率的弹性越小;(3)实际汇率 ϑ_i 增加时(本国货币贬值),企业的生产者价格对于汇率的弹性也会随之减少。

与命题 1 的分析相似,笔者在此给出命题 2 的解释。命题 2 指出了汇率波动与产品出口总量之间的弹性关系,最关键的三个变量是企业的生产率、进口国的分销成本及汇率波动程度:

其一，当两国之间的实际汇率发生波动时，出口企业会调整某种产品的出口总量。当实际汇率增加(本国货币贬值)时，出口企业会增加产品的出口总量。与之前相类似，除去生产率这个变量，其他能够衡量厂商出口表现的指标，如产品的异质性质量，对于这个结果也是支持的：当发生汇率波动时，那些产品质量较低的企业调整出口量的幅度较高，而产品质量低的企业则调整幅度较大。因此，汇率与出口量之间的弹性也会随着类似生产率这样能够反映厂商表现的变量的提升而减小。

其二，与命题 1 中相类似，不同的进口国具有不同的分销成本。如果进口国的分销成本较高，则出口企业在面临本国实际汇率贬值时越不愿意调整出口量。这个结果与命题 1 形成对应。

其三，当本国货币发生贬值时，分销成本在消费者所接收到的价格中占比就变大了，于是降低了商品的需求价格弹性。在这种情况下，厂商的出口量的汇率弹性则会变小。

若将命题 1 和命题 2 的结论结合起来，可以得出：汇率的价格传导对于高生产率的企业是不完全的。在面临本国货币贬值时，高生产率的企业倾向于调整生产者价格，低生产率企业则倾向于调整产品的出口量。当进口国市场上的分销成本较高时，具备不同生产率水平的企业具有异质性的反应。实际汇率越高(贬值)时，出口的生产者价格的汇率弹性越大，而产品的出口量的汇率弹性越小。实际汇率的影响是非线性的。

事实上，企业的出口额(价格与数量的乘积)对于实际汇率的弹性是随企业生产率的上升而下降的，这一点可以通过公式 4-7 和公式 4-13 验证。也就是说，当出口市场上的企业生产率越高，则汇率对于总出口的价格传导越不完全。

(三) 利润与二元边际

在前两节里，主要分析了在垄断竞争市场上，企业的出口生产者价格与出口规模对于实际汇率的弹性关系，并得出出口企业面对汇率波动的最优决策：生产率较高的厂商在面对汇率波动时更倾向于调整生产者价格，生产率较低的厂商则在面对汇率波动时更倾向于调整出口数量。这个结论与直觉是相符合的：一般来说，生产率较高的企业往往是那些规模较大、利润较高、市场占有率较高的企业，这些企业更具备定价权及话语权，因此能够在外生冲击发生时通过调整价格来应对，维持一个相对稳定的出口数量。生产率较低的企业往往是那些规模较小、利润较低、市场占有率较低的企业,这些企业一般是价格的追随者,在外生汇率冲击发生时只能选择被动的接受出口数量的改变,因市场定价的能力比较弱。

在分析了企业单位出口价格及规模对于汇率变动的弹性之后,本研究将继续分析汇率波动对于企业进入退出行为的影响。在此基础上,讨论加总情形下汇率对于出口二元边际的影响。

1. 出口临界生产率

我们知道,企业必须具备一定的生产率水平才能够垫付因出口带来的一系列成本费用,这就意味着存在一个出口的临界生产率。为了得到出口临界生产率,首先需要分析出口的利润水平。公式 4-14 是关于企业出口产品 φ 到目的国 i 所获得的利润的表达式:

$$\pi_i(\varphi) = \frac{\varepsilon_i p_i^c(\varphi) x_i(\varphi)}{\sigma} - F_i(\varphi)$$

$$= \sigma^{-\sigma}(\sigma-1)^{\sigma-1} w \vartheta_i w_i^{-\sigma} Y_i P_i^{\sigma-1} \left[\frac{\tau_i}{\varphi \vartheta_i} + \delta_i\right]^{1-\sigma} - F_i(\varphi) \quad \text{公式 4-14}$$

令 $\sigma^{-\sigma}(\sigma-1)^{\sigma-1} \equiv A$,$A$ 是一个常数。现在来定义出口到 i 国需要垫付的固定费用 $F_i(\varphi)$ 的具体形式。出口的固定费用一般是指与出口相关的一系列成本费用,包括为打开当地市场、为新产品所出的研究费用、广告费用,以及为建立拓展当地销售网络所产生的全部费用。在不存在外源融资的情况下,厂商只能通过既往利润来进行内源融资、支付这一笔费用。故此可知,既往的利润是由前一期生产率的高低所决定的。此处假定,本国与外国劳动者必须用工资支付这一笔固定成本费用,固定费用会在本国工资与外国工资之间分配。公式 4-15 给出了固定成本费用的具体形式:

$$F_i(\varphi) = f_i \left(\frac{w}{\varphi}\right)^{\beta} (\varepsilon_i w_i)^{1-\beta} = w f_i \varphi^{-\beta} \vartheta_i^{1-\beta} \quad \text{公式 4-15}$$

其中 $f_i > 0$。固定费用在此被表示成为柯布—道格拉斯函数的形式,β 和 $1-\beta$ 分别是产品成本(本国劳动)与进口国工资(外国劳动)的分配系数。事实上,公式 4-15 最右边显示出固定成本仅与生产国(本国)的工资相关。

由公式 4-14 可知,利润是企业决定出口的先决条件。此处可以证明,出口利润是随着实际汇率的上升(本国货币贬值)而上升的。利润的上升一部分来源于销售的增加,一部分来源于价格加成的调整。当公式 4-14 的利润值 $\pi_i(\varphi)$ 大于零时,企业会选择出口竞争,当利润值$\pi_i(\varphi)$小于零时,企业会退出海外市场,进行内贸销售。令$\pi_i(\varphi)$等于零,可以得到如下的出口临界生产率φ^*。

$$A w_i^{-\sigma} Y_i P_i^{\sigma-1} \left[\frac{\tau_i}{\varphi^* \vartheta_i} + \delta_i \right]^{1-\sigma} = f_i (\varphi^* \vartheta_i)^{-\beta} \qquad \text{公式 4-16}$$

根据公式 4-16,临界生产率与汇率之间的弹性可以表达为:

$$e_{\varphi_i^*} = \frac{\mathrm{d}\varphi_i^*}{\mathrm{d}\vartheta_i} \frac{\vartheta_i}{\varphi_i^*} = -1 \qquad \text{公式 4-17}$$

根据公式 4-17 可以得出,当一国货币发生升值时,临界生产率上升,意味着新企业进入海外市场的难度更大了;当一国货币发生贬值,临界生产率下降,此时有更多的企业得以进入海外市场。从总体上看,贬值使得原本不够资格进入市场的企业参与了市场竞争,因而降低了海外市场企业生产率的平均水平。

2. 总出口

之前本研究将单一企业单位出口价格数量决策及进入退出决策对于汇率波动的弹性分开讨论,现在考虑加总层面的情况。在最初假定的垄断竞争市场上,有大量生产产品 φ 的异质性厂商。这些厂商通过生产率的不同(或产品的不同)而加以区分。记 $G(\varphi)$ 是生产率 φ 的累积分布函数①(假设所有国家都是相同情况),则一国某一时期的总出口是由单个企业的出口值按照分布函数累积所得:

$$X_i = \int_{\varphi_i^*}^{\infty} L \, x_i(\varphi) \mathrm{d}G(\varphi) = \int_{\varphi_i^*}^{\infty} L Y_i P_i^{\sigma-1} \left(\frac{\sigma w_i}{\sigma - 1} \right)^{-\sigma} \left[\frac{\tau_i}{\varphi \vartheta_i} + \delta_i \right]^{-\sigma} \mathrm{d}G(\varphi)$$

公式 4-18

根据公式 4-18,只有生产率高于 φ_i^* 的企业才可能出口,而生产率低于 φ_i^* 的企业只能够内销。计算总出口对实际汇率的偏导,可以得出总出口额与汇率之间的弹性如下:

$$\frac{\mathrm{d}X_i}{\mathrm{d}\vartheta_i} \frac{\vartheta_i}{X_i} = \underbrace{\frac{\vartheta_i}{X_i} L \int_{\varphi_i^*}^{\infty} \frac{\partial x_i(\varphi)}{\partial \vartheta_i} \mathrm{d}G(\varphi)}_{\text{集约边际}} - \underbrace{\frac{\vartheta_i}{X_i} L x_i(\varphi_i^*) G'(\varphi_i^*) \frac{\partial \varphi_i^*}{\partial \vartheta_I}}_{\text{扩展边际}} \qquad \text{公式 4-19}$$

---

① 关于生产率 φ 的累积分布函数,Berman(2012)提出具体可以采取帕累托分布的方式,即设 $G(\varphi) = 1 - \varphi^{-\gamma}$,则 $\mathrm{d}G(\varphi) = \gamma \varphi^{-\gamma - 1}$。

公式4-19等号右边第一个算式代表集约边际对于总出口的汇率弹性的贡献,即通过累积单一企业单方向出口变动的方式影响总出口,是目前市场上现存的企业出口对于汇率变动的敏感程度;第二个算式则代表扩展边际对于出口汇率弹性的贡献,即新增出口企业或者新增出口市场对总出口额的影响,是新增企业对于汇率变动的敏感程度。一国的总出口额和实际汇率之间的弹性关系是由集约边际弹性和扩展边际弹性共同参与的。

二、汇率波动与产品质量

上节分析了集约边际和扩展边际对于出口的价格数量弹性。本节的分析将用企业的产品质量来替换企业的生产率[①],为理论模型提供更加稳健的支持。

在Melitz(2003)的异质性企业模型中,生产率被当作企业异质性的来源及核心变量,在模型分析框架中也往往通过生产率这个变量来对企业进行标识。生产率的异质性导致了企业的自我选择行为(self-selection effect),所以出口企业往往具备比内销企业更高的生产率和更好的利润表现。因此,资源在全球出口市场得到合理优化配置。目前学术界大多数文献都是以生产率作为研究的重中之重,但也有一些文献则着眼于其他可以标识企业异质性的变量,例如产品质量。本节的分析将参照Baldwin和Harrigan(2007)的分析,提供一个异质性产品质量模型来验证之前的命题是否依旧成立。

与之前的假定相似,本节的分析依旧建立在垄断竞争市场上。消费者具有如下的CES效用函数形式:

$$U(C_i) = \left\{ \int_X \left[q(\varphi) \, x_i(\varphi) \right]^{\sigma-1/\sigma} \mathrm{d}\varphi \right\}^{\sigma/\sigma-1} \qquad 公式4\text{-}20$$

其中$x_i(\varphi)$是产品φ的消费量,$q(\varphi)$是产品的质量水平。这里作出两点假定:(1)产品质量越高则边际成本越高,也即:$q(\varphi) = \left(\dfrac{w}{\varphi} \right)^{\beta}$,$\beta$是产品质量的系数,$\beta > 1$且产品质量系数越大则企业利润越高;(2)产品质量越高则当地分销成本$\delta_i w_i q(\varphi)$越高。产品φ的需求函数可以表达为下述形式:

[①] 关于异质性产品质量与汇率关系的实证结果将在第五章说明。

$$x_i(\varphi)=Y_i P_i^{\sigma-1}\left[\frac{p_i(\varphi)\tau_i}{\varepsilon_i q(\varphi)}+\delta_i w_i\right]^{-\sigma} \qquad 公式4-21$$

可以看出,公式4-21与之前的区别仅在于多了产品质量这个变量。出口到 i 国的产品 φ 的最优产品价格 P_i(以本国货币来表示)则可以表示为下式:

$$p_i(\varphi)=\frac{\sigma}{\sigma-1}\left(1+\frac{\delta_i\vartheta_i\varphi q(\varphi)}{\sigma\tau_i}\right)\frac{w}{\varphi} \qquad 公式4-22$$

根据公式4-22可知,更高质量的产品拥有更高的加成水平。于是,对于单个出口商来说,出口量的表达如下:

$$x_i(\varphi)=Y_i P_i^{\sigma-1}\left[\frac{w}{\varphi q(\varphi)\varepsilon_i}\tau_i+\delta_i w_i\right]^{-\sigma}\left(\frac{\sigma-1}{\sigma}\right) \qquad 公式4-23$$

与之前相类似,最优价格及出口数量对于汇率的弹性如下所示:

$$\frac{\mathrm{d}p_i(\varphi)}{\mathrm{d}\vartheta_i}\frac{\vartheta_i}{p_i(\varphi)}=\frac{\delta_i\varphi q(\varphi)\vartheta_i}{\sigma\tau_i+\delta_i\varphi q(\varphi)\vartheta_i} \qquad 公式4-24$$

$$\frac{\mathrm{d}x_i(\varphi)}{\mathrm{d}\vartheta_i}\frac{\vartheta_i}{x_i(\varphi)}=\sigma\frac{\tau_i}{\tau_i+\delta_i\varphi q(\varphi)\vartheta_i} \qquad 公式4-25$$

通过公式4-24、公式4-25可以得出,产品的质量越高,在汇率发生变动时更倾向于调整价格加成而非调整出口量;反之产品的质量越低,在汇率发生变动时更倾向于调整出口量而不是调整价格加成。这个结论与之前相似,说明企业在出口市场的表现越好(包括生产率高、产品质量好等指标),其生产者价格对于汇率波动都更加敏感;企业在出口市场的表现越差(包括生产率低、产品质量低等指标),其出口额对于汇率波动则更加敏感。不同表现的企业在因市定价方面具有异质性,汇率传导对于产品质量高(高生产率)的企业是不完全的。

另外,进口市场的分销成本对于弹性的影响与上节相似:分销成本越高,则出口价格的汇率弹性越大,而出口量的汇率弹性则越小。

三、汇率波动与产品种类

之前探讨了扩展边际的汇率弹性。事实上,扩展边际还可以分为企业之间的扩展边际及企业内部的扩展边际。企业之间的扩展边际是指企业的进入和退出对于出口的影响,在上节已经探讨过,当本国汇率发生贬值时,出口临界生产率下降,出口市场的整体生产率水平降低;而企业内部的扩展边际是指企业产品种类的变动。接下来,本节将分析产品种类的多少与汇率波动之间的关系。

现在来考虑具有多个产品的厂商。理论模型参照 Melitz 和 Ottaviano(2008)以及余淼杰和王雅琦(2014),考虑一个具有拟线性偏好①的消费者效用函数:

$$U(x_i) = X_0 + \alpha \int_{i \in X} x_i \mathrm{d}i - \frac{1}{2}\beta \left(\int_{i \in X} x_i \mathrm{d}i\right)^2 - \frac{1}{2}\gamma \int_{i \in X} x_i^2 \mathrm{d}i \quad \text{公式 4-26}$$

其中 $\alpha > 0$、$\beta > 0$、$\gamma > 0$,X 是本地市场所销售的商品束,x_i 是种类 i 的消费量,X_0 是消费品 0 的消费量。商品种类 i 的需求可以表达为:

$$P_i = \alpha - \frac{\beta}{N} \int_{i \in X} x_i \mathrm{d}i - \frac{\gamma}{N} x_i \quad \text{公式 4-27}$$

其中 N 为市场上消费者规模,市场上商品的总价格指数 $P = \int_{i \in X} P_i \mathrm{d}i$。现在考虑本国企业的目标利润函数:

$$\max_{x_j, q_j} \int_{q_j \in Q} (p_j^i x_j^i - \theta_j^i x_j^i) \mathrm{d}i - C_j^2 q_j F \quad \text{公式 4-28}$$

F 是企业每多出口一个种类的商品所必须额外付出的固定费用。与之前的分析相类似,这笔费用可以被解释为因新产品的研发或者开拓新市场所产生的一系列费用。C_j^i 是企业 j 的成本函数,$C_j = \frac{w}{\varphi_j}$,$w$ 为本国的工资水平,φ_j 是企业 j 的生产率,成本函数满足线性递增的情况。q_j 表示企业的产品种类数目。可以得出,高生产率的厂商能够以较低的固定费用引入新产品。

厂商 j 面临出口决策时,率先考虑的是出口到 f 国的利润情况:

$$\pi_j^f = \int_0^{e_j^f} [\varepsilon^f (p_j^{fi} q_j^{fi} - \tau^f C_j i x_j^{fi}) \mathrm{d}i - \varepsilon^f (\tau^f C_j)^2 e_j^f F_j] \quad \text{公式 4-29}$$

---

① 拟线性偏好的特点是对市场上存在的两种商品具备不同的偏好,其中对一种商品有良好性状的偏好,对于另外一种则不甚明显。常见的形式有:$U(x_1, x_2) = \ln x_1 + x_2$,此时消费者对于商品 2 具有良好性状的偏好,而对商品 1 的偏好则不明显。

其中ϵ^f是出口到f国所面临的名义汇率，τ^f是企业为出口必须支付的固定成本。如果将公式 4-29 的出口利润最大化，可以得到本国企业出口的最优定价策略。再次将生产种类e_j^f对汇率ϵ^f求导，可得到命题 3 的结论：

$$\frac{\partial e_j^f}{\partial \epsilon^f} > 0 \qquad 公式\ 4\text{-}30$$

命题 3：产品种类的汇率弹性大于零，并且：(1)当企业面临汇率波动（如本币贬值）的时候，企业出口的种类会增多；(2)当企业生产率越高时，生产的产品种类也越多。

四、本章小结

本章以异质性企业理论模型的经典分析框架作为基础，参照了 Berman 等（2012）、Melitz 和 Ottaviano(2008)关于外生汇率和可变成本加成的假设，探讨了汇率波动对于异质性企业出口行为决策的微观理论机制。本章以垄断竞争市场为前提，分析了异质性企业行为对于汇率波动的最优出口决策。

本章在分析汇率对价格的不完全传导时，综合考虑了出口企业对于生产者价格影响的机制以及进口国分销成本对于消费者价格影响的机制，认为出口企业的生产率异质性以及进口国分销成本的差异是造成汇率不完全传导的重要因素。在模型分析中本章得出了三个核心的命题，认为汇率对于高生产率企业的不完全传导是造成出口总额与汇率之间弱相关的原因之一，进口国的当地分销成本也会影响汇率对于消费者价格的传导。另外，企业产品的多样化决策也会受到汇率波动的影响。由于汇率贬值效应的非线性，汇率的高低也会对不同生产率的企业产生异质性的影响。为了理论结果的稳健，本章还提供了产品质量及产品数量的汇率弹性结果：汇率对于产品质量较高的企业的传导是不完全的；最后，当本章将单一产品模型拓展为多产品模型时，会发现当本国汇率贬值时，企业会增加出口产品的种类。

汇率波动对于加总层面的影响可以拆分为对出口集约边际和扩展边际两个方向，然而模型中未能直观的比较不同边际对于汇率的弹性差异，这个有待后文的实证分析进行进一步的检验。

第五章 异质性企业单位出口价格与规模实证分析

上一章构建了一个有外生汇率存在的异质性企业理论模型,并得出了企业单位出口价格、数量对于实际汇率波动的弹性,并将宏观加总出口对于汇率的弹性分为集约边际弹性和扩展边际弹性。基于之前的研究能够得出三个可验证的命题:(1)异质性企业的生产者价格对于汇率的弹性是存在差异的,生产率越高则企业在本国货币汇率发生贬值时越会调高生产者价格;进口国当地市场分销成本越高,则企业越会调高生产者价格。(2)异质性企业的出口数量对于汇率的弹性是存在差异的,生产率越低的企业在本国货币汇率发生贬值时越会增加出口总量;进口国当地市场的分销成本越低,则企业越会增加出口总量。(3)汇率波动对于出口产品的种类的影响是显著的。当发生贬值时,企业的出口种类会增加。在分析当中若采用产品质量作为企业异质性的来源,能够得到相同的结果。

基于之前的理论模型分析可知,单个企业的行为会因自身存在异质性而对于汇率的波动产生不同反应:拥有高生产率的出口企业倾向于调整生产者价格,拥有低生产率的出口企业则倾向于调整出口数量,因此汇率传导对于高生产率的企业是不完全的;此外,由于分销成本的存在,消费者价格的汇率传导也是不完全的。在进行经济学分析时,理论模型的构建为本研究解释了微观机制的原理,但相关结论仍旧需要大量的经验实证来支撑。本章将提供实证分析的数据处理、描述统计及基于出口集约边际的分析。

本章主要分析人民币汇率变动对于中国从事外贸的单个企业出口行为的影响,因此将着重验证理论模型中的两个命题(第三个命题将在下一章进行实证检验),以及汇率、生产率、分销成本等指标对于企业单位出口价格和出口数量的影响,并试图解释企业出口额(单位出口价格和出口数量效应的加总)与汇率之间的关系。在此基础上,本章将细分贸易方式、行业等子样本、其他可替换的指标来详细地考察这一问题。本章还运用企业异质性来源的另一个替代指标——企业出口产品质量作为核心变量,来检验汇率对于异质性企业出口行为的影响。具体是,第一节将说明实证的数据来源及指标测度,第二节将说明人民币汇率波动与异质性企业单位出口价格分析,第三节将说明人民币汇率波动与异质性企业出口量的分析,第四节将说明人民币汇率波动与异质性企业出口额的分析,第五小节采取产品质量作为企业异质性来源的指标进行稳健性检验,第六小节作为本章小结。

一、数据来源及指标测度

本节将介绍实证之前的数据处理及指标测度。首先详细介绍实证工作需要用到的两套数据来源及匹配的方法,其次将对回归中的两个关键变量:全要素生产率和企业层面实际有效汇率指标作出度量。

(一) 数据的来源及处理

为了衡量汇率波动与异质性企业行为之间的关系,本研究运用的两套数据分别来自工业企业数据库和海关产品数据库。

首先,微观企业层面的数据来源于国家统计局整理的规模以上工业企业数据库,时间维度由 2000 年一直到 2006 年[1],期间样本企业数从 2000 年的 162 885 家上升至 2006 年的 301 961 家。工业企业数据库记录了所有国有企业以及年收入在 500 万以上的所有非国有企业,几乎覆盖了工业总产值的 95% 以上[2],统计范围涵盖了全国各个省市地区[3]。该数据库提供的指标非常丰富,不仅包含企业的基本信息还包括了重要的财务指标,具体由资产负债表、现金流量表和损益表构成。但基于各种原因,部分企业上报的信息未必完全准确,还有一些企业存在严重的指标遗漏。与余淼杰和王雅琦(2011)的研究相类似,本研究将使用如下标准剔除异常样本:首先,企业总资产、固定资产净值、销售额以及工业总产值有遗漏的样本被剔除;其次,遵循 Levinsohn 和 Petrin(2003)的方法,将雇佣劳动在 10 人以下的企业样本剔除;再次,遵循公

---

[1] 事实上,工业企业数据库已经更新到 2008 年,但由于数据质量不佳缺失指标过多,本研究主要关注 2007 年以前的数据。又因为海关数据库更新到 2006 年,为了两个数据库之间的匹配,故本书选择 2000—2006 这个时段进行讨论分析。
[2] 每年出版的中国统计年鉴中的工业部门的信息部分也来自工业企业数据库。
[3] 由于西藏的制造业企业数量过少,不具备参考价值,所以本章并没有将西藏的数据囊括在内。

认的会计准则(GAAP),本研究剔除了发生以下情况的企业样本:(1)识别编号有误的企业,(2)流动资产超过固定资产的企业,(3)总固定资产超过总资产的企业,(4)成立时间无效的企业。另外,由于本研究主要涉及工业增加值、固定资产原值、工资、企业职工人数、中间投入品等指标,因此剔除了上述指标为负或者缺失的企业样本。

在所有制划分方面,制造业企业的登记类型分别为国有企业、集体和混合企业、私营企业、港澳台投资企业和外商投资企业,另外还包括股份有限公司、有限责任公司、股份合作企业、联营企业以及其他类型的企业。本章按照不同的企业资本金的来源构成对这些企业的所有制来做调整,共分为四个大类:国有资产控股企业、混合集体所有制企业、私人控股企业以及港澳台投资及外资控股企业。

在行业划分方面,由于本研究所研究的时间跨度为 2000—2006 年,而 2004 年新的国民经济行业分类体系(GB/T4754—2002)开始施行,为了保持前后名称的一致性,本研究将以下在 2004 年前后名称不同的行业视作同一行业:"食品加工业"与"农副产品加工业"、"烟草加工业"与"烟草制造业"、"服装及其他纤维制品制造业"与"纺织服装鞋帽制造业"、"石油加工及炼焦业"与"石油加工炼焦及核燃料加工业"、"普通机械制造业"与"通用设备制造业"、"电子及通信设备制造业"与"通信设备计算机及其他电子设备制造业"、"其他制造业"与"工艺品及其他制造业"。表 5-1 展示了具体的行业代码。

表 5-1 工业企业数据库行业及代码

代码	行业名称	代码	行业名称
B	采矿业	16	烟草制造业
06	煤炭开采和洗选业	17	纺织业
07	石油和天然气开采业	18	纺织服装、鞋、帽制造业
08	黑色金属矿采选业	19	皮革、毛皮、羽毛(绒)及其制品业
09	有色金属矿采选业	20	木材加工及木、竹、藤、棕、草制品业
10	非金属矿采选业	21	家具制造业
11	其他采矿业	22	造纸及纸制品业
C	制造业	23	印刷业和记录媒介的复制
13	食品加工业	24	文教体育用品制造业
14	食品制造业	25	石油加工、炼焦以及核燃料加工业
15	饮料制造业	26	化学原料及化学制品制造业

续表

代码	行业名称	代码	行业名称
27	医药制造业	37	交通运输设备制造业
28	化学纤维制造业	39	电气机械及器材制造业
29	橡胶制品业	40	通信设备、计算机及其他电子设备制造业
30	塑料制品业	41	仪器仪表及文化、办公用机械制造业
31	非金属矿物制品业	42	工艺品以及其他制造业
32	黑色金属冶炼以及压延加工业	43	废弃资源以及废旧材料回收加工业
33	有色金属冶炼以及压延加工业	D	电力、燃气及水的生产和供应业
34	金属制品业	44	电力、热力的生产和供应业
35	通用设备制造业	45	燃气生产和供应业
36	专用设备制造业	46	水的生产和供应业

资料来源：笔者根据工业企业数据库整理而得。

在企业规模划分方面，按照2003年国家统计局所规定的工业企业规模划分方法。该方法根据企业的"从业人员数""销售额"或"资产总额"作为划分类型的标准。其中，以"从业人员数"作为企业化型指标，与目前主要经济体的通行做法一致，因而本研究采用该种方法，将企业从业人员数在2000人及以上作为大型企业，300到2000人作为中型企业，300人以下作为小型企业。

本章的产品层面数据由中国海关总署整理的对外贸易产品数据库提供细化到贸易企业产品层面的具体信息，涵盖了产品名称、产品统一编码分类、进出口信息、目的地信息、贸易方式等。贸易方式则包括一般贸易、加工贸易及其他详细的分类方式。

为了统计上的简便及可行，本研究拟将企业从事的贸易方式分为两类：加工贸易与非加工贸易。其中，加工贸易方式包括：来料加工、进料加工、边境小额贸易、来料加工装配、对外承包工程、保税仓库进出境货物、保税区仓储转口货物、易货贸易等。其余的，包括一般贸易、国家间无偿援助、寄售、租赁等被归为非加工贸易。由于本章将匹配后的数据加总到企业层面，每一个企业都有可能从事两种以上的贸易方式，因此本章将外销中全部从事加工贸易方式的企业作为纯加工出口企业，其他的作为非加工出口企业。①

---

① 这样做有可能会影响一般贸易方式企业的生产率测算结果，但由于其他方式在全部贸易方式当中所占比重非常小，故此处可以忽略其影响。

本研究旨在探究汇率波动对于微观企业出口行为的影响,因而企业层面的生产数据能够提供度量全要素生产率的关键指标,而产品层面的贸易数据则能够提供企业的单位出口价格、出口数量,以及辨识企业出口的地区、从事的贸易方式及其他可供研究的数据。本研究需要这两套数据的指标,但是这两套数据之间并没有统一的编码可供识别。加上工业企业数据库是以年份为统计区间,而海关数据库是以月度为统计区间,将企业生产数据和产品贸易数据对接起来,具有相当的技术难度。有很多学者在匹配这两套数据的方法上进行了有益的尝试。余淼杰(2011)采用企业邮政编码和电话号码的后7位来拼接两套数据的每个企业,最终合并样本为 31 393 家企业。参照余淼杰(2011)的方法,笔者的基本思路是,首先按照工业企业数据库和海关数据库的"企业名称"指标进行完全匹配;接下来将不能完全匹配上的海关数据库企业,按照"邮政编码"和"电话号码"后7位,再次匹配工业企业数据库。由于海关数据库是月度数据,而工业企业数据库是年度数据,于是将工业企业数据库的企业"映射"12次至月度的海关数据库,进一步得到全年产品层面数据。接着按照企业名称进行排序,剔除重复无效的企业数据,得到无重复的企业数目。经匹配,在本研究数据的样本期间按照企业代码,海关数据库总共有314 824家企业,其中有100 092家(31 991家出口企业)企业和工业企业数据库完全匹配,占比约为31.8%。

(二) 生产率指标的测度

从上一章的理论模型中,可以得知度量企业异质性的指标之一为企业的生产率。鉴于劳动生产率指标不能很好地反映资本的效率,目前大多数的文献皆以全要素生产率(TFP)指标来衡量企业的效率水平。在 TFP 的测算方法上,一些学者,如谢千里等(2008)采用了传统的索洛残差法;还有一些学者,如刘小玄和李双杰(2008),考虑采用随机边界方法(SFA)。目前学术界主流的方法是 OP(Olley 和 Pakes,1996)以及 LP(Levinsohn 和 Petrin,2003)方法。采用 OP 方法是以投资作为不可观测生产率冲击的代理变量,控制了可能产生的联立性,如余淼杰(2011)、聂辉华等(2012)在文章中进行的测算。本研究则采用 LP 方法,采取半参数估计。采用 LP 估算方法主要是基于以下考虑:LP 方法是以中间投入品作为不可观测冲击的代理变量。在实际样本中,含有中间投入品这项指标的企业数量占到全部企业数量的95%以上,若采取 OP 方法的固定资产投资作为代理变量,则损失的样本约为整体的37%。

接下来,本章将介绍全要素生产率的测度方法①。首先,将使用工业增加值、劳动服务流损耗和资本服务流损耗来计算生产函数当中的系数估计。

在测算生产函数当中的投入要素时,过往的文献大多采取存量的方式,选取生产性资本存量并运用永续盘存法进行度量,劳动投入则采取当年的就业人数。然而,另外一些学者,例如 Jorgenson(1969)、Anderson 等(2011)都意识到其实是资本和劳动的流量概念决定了最终的产出,而不是存量概念。若是采取存量去度量,有可能存在以下问题:首先,随着租赁市场的兴起和完善,越来越多的厂商基于种种考虑有可能倾向于租赁大型设备而不是购买,租赁的设备自然不能记入当期资本存量,但是租赁行为产生了资本服务流。在测算资本流量时,通常先测算出存量,再通过存量与流量之间的比例关系得到流量的概念。其次,由于劳动力存在异质性,因而单纯采用就业人数这个粗放的指标作为投入要素会产生一定的偏误。高技能的劳动力的劳动效率可能是低技能劳动者的数倍。因此采用劳动服务流损耗这个指标来衡量劳动投入的流量概念具有科学性。以下对于资本流量和劳动流量概念的测度作出简要的介绍:

1. 资本流量的处理方法

本研究采取资本服务流耗费(Cost of Capital Service)的概念来度量资本流量,具体计算采取租金的比率(Rent Ratio)乘以资本存量。真实的资本存量值可以参考工业企业数据库,但该数据库的企业固定资产原值或者净值是会计概念的简单加总。笔者参考 Brandt(2012)、范建勇和冯猛(2013)的方法,运用 1978—1988 年分行业和分省份的固定资产原值,经过计算得出原值增长率,再反过来按照企业的年限向前倒推得到固定资产净值。之后再采用 Perkins 和 Rawski(2008)的价格平减指数对于固定资产净值进行平减。根据工业企业数据库的固定资产相关变量信息,运用永续盘存法可以得到企业各年份的资本存量:

$$C_t = (1-\delta)C_{t-1} + I_t/P_t$$

其中 C_t 是 t 期的资本存量(Capital Stock)值,δ 是折旧率(主流文献将此定为 9%),I_t 是 t 期的投资额,也即固定资产原值的增加值,P_t 是 t 期的固定

---

① 感谢复旦大学经济学院冯猛博士对于本章全要素生产率测度方法所提供的实证帮助。

资产投资价格指数。

下一步需要确定的是资本的租赁价格。目前学术界有两种方式来测算资本租赁的价格:一种是直接的线性关系$X_t=r_t+\delta$,即资本租赁的价格等于t时期固定资产收益率加上固定资产折旧。这种方式存在一定的缺陷,因为没有考虑到固定资产价格变动的影响。另一种方式更为常用,参考Jorgenson(1963)的计算方法具体如下:

$$P_t=(1+r_t)\frac{q_{t-1}}{q_t}+\delta-1$$

可以看出这种方法是考虑了固定资产价格变化对于租赁价格的影响,其中q_t和q_{t-1}是不同时期资产购置的价格。r是固定资产收益率。关于固定收益率r的测算,目前主流文献区分了内部收益率以及外部收益率这两种计算方式。内部收益率主要参照Christensen和Jorgenson(1969),他们认为企业资本流的耗费等同于该行业的资本报酬(增加值减去劳动报酬),但这种方式显然忽视了全要素生产率的重要作用。关于外部收益率,OECD曾提供了一年期贷款利率的方法来测算,但由于中国的贷款利率是按照月度调整的,因此笔者采取月度权重得到一年期的加权平均贷款利率。资本存量与资本租赁价的乘积得到所需的资本投入的流量概念:

$$CCS_t=p_t\times CS_t$$

2. 劳动流量的处理方法

劳动流量方面本研究采取劳动力服务耗费(Cost of Labor Service)的概念,这个概念顾及到了劳动力的异质性。计算方式如下:

$$CLS_t=w_t+\theta_t+I_t+e_t$$

其中CLS_t是t期的劳动服务耗费,w_t是t期的工资水平,θ_t是t期福利水平,I_t是t期企业为职工缴纳三险一金的水平[①],e_t是t期企业为职工教育支付的相关费用。这四项费用构成了企业的劳动力流量耗费,经过各省份CPI指数平减后,得到所需的劳动流量。

在产出方面,本研究主要采取的是厂商的工业增加值概念。增加值的概念比起总产出概念,能够更好衡量厂商在单位时间内的有效增益。为了消除

---

① 这笔费用自2004年开始征收,2004年以前不存在。

物价等方面的影响,笔者采取省际层面的第二产业 GDP 平减指数对工业增加值进行平减。对于中间投入品,笔者则参考 Brandt 等(2012)的做法,采取投入产出表及中国统计年鉴的产出品价格平减指数。对于生产函数的估计结果如表 5-2 所示。

表 5-2 制造业企业生产函数测算结果

	ln V
ln L	0.159***
	(53.30)
ln K	0.339***
	(36.04)
N	100 092

注:括号里的数字为 t 值;*、**、*** 分别代表在 10%、5%、1% 的程度上显著。

当得到了生产率函数各个系数的估计值,下一步则是代入函数并运行 Stata 进而得到每个企业的全要素生产率指标。

(三) 汇率的测算

上一节运用企业层面的数据测算了微观企业的全要素生产率,本节将进行汇率指标的测度。如前所述,汇率是进行商品、服务交易的国与国之间的相对价格。分为名义汇率和实际汇率。名义汇率是一国公布的用来表示两国货币比价的官方汇率,用以进行货币之间的兑换与国际结算。名义汇率一般采取直接标价法或间接标价法,本书中所采取的都为间接标价法,也就意味着当汇率指标上升时,本国货币贬值。实际汇率是名义汇率的一种调整,是剔除了通胀水平并经过政府财政补贴之后的、能够体现出该国商品在国际市场上的实际竞争力的汇率水平。由于一国在参与海外竞争的时候,并不仅限于双边行为,而更是牵涉到多边贸易,因而需要对贸易进行加权来反应汇率情况。这样的加权汇率水平被称为有效汇率。接下来将分别介绍实际汇率、有效汇率、实际有效汇率及企业层面实际有效汇率的度量方法。

1. 实际汇率的度量

实际汇率被称为真实汇率,亦是汇率理论相关实证研究的基础指标,因而是学术界研究的重点。实际汇率是名义汇率在剔除了物价因素之后的、本国与别国的相对价格水平之比。实际汇率一般可以分成内部实际汇率以及外部实际汇率。

内部实际汇率(Internal Real Exchange Rate，INRER)是一国的可贸易品与不可贸易品的国内价格之比，定义如下：

$$INRER = P_i/P_j$$

其中P_i是可贸易品的国内价格，P_j是不可贸易品的国内价格[①]，两者的比价实际上是衡量资源在可贸易部门和不可贸易部门的配置情况，并以此为基础测算出实际汇率水平。当内部实际汇率上升时，意味着本币贬值、外币升值。反之则意味着本币升值、外币贬值。

外部实际汇率(External Real Exchange Rate，EXRER)是指以同一种货币为标识的本国商品合集与外国商品合集的比价，定义如下：

$$EXRER = \epsilon \times P_f / p_d$$

其中ϵ是一国名义汇率，P_f是以一种货币表示的外国商品篮子，p_d则是同一种货币表示的本国商品篮子，两者的比值反应了单一外国商品可以交换的本国商品数量。外部实际汇率上升意味着本国货币贬值，反之则意味着本国货币升值。在绝对购买力平价之下，$S = \dfrac{P_d}{P_f}$，其中S是绝对购买力平价。上式可以写成：

$$EXRER = \frac{\epsilon \times P_f}{p_d} = \frac{\epsilon}{s}$$

当$EXRER=1$时，名义汇率与实际汇率是一致的。

2. 有效汇率的度量

有效汇率包括名义有效汇率和实际有效汇率，是用来度量一国货币危机预警指标和贸易品的国际竞争力指标的强弱程度，此外也常常被用作度量一国相对于别国的生活水平状况。有效汇率的测算是以贸易权重为基准，加权多个国家货币的平均值，反映的是在国际贸易当中各国货币的竞争程度。实际有效汇率是剔除了名义有效汇率当中的物价变动程度。关于实际有效汇率

[①] 一般来说可贸易产品指可能进入国际贸易交换的产品，不可贸易产品是只能在产地国内消费，不能成为进出口贸易对象，如清洁工人、教师、律师、医生、银行保险行业职员、厨师、家庭保姆等。除了作为最终产品的劳务以外，一些重要的物品和生产要素也属于不可贸易产品。住宅是典型的不可贸易产品。耕地是生产要素品中作为不可贸易产品的典型事例。

的构建,学术界提出了一些方法,其中 Bahmani-Oskooee(1995)具有代表性,具体步骤如下:

第一步,选择有代表性的一揽子货币。在一揽子货币的选择方面,不同的研究有不同的做法,但大多以目的国与本国的贸易量的大小或者进出口替代强弱为参照。其中,许和连和赖明勇(2002)、万正晓(2004)、戴世宏和代鹏(2006)等皆在实证当中选择了在不同阶段中国前几位乃至前十几位的贸易伙伴国或地区作为参照国家和地区。李亚新和余明(2002)则选取了与本国进口替代较强的几个东南亚新兴工业国,以及与中国贸易量最大的美国、日本、德国等作为参照。

第二步,采用双边贸易加权法和竞争加权法来计算贸易权重。具体是,双边加权法不考虑第三方市场,假设本国与别国的竞争只是发生在两国市场,按照贸易伙伴国占本国当期对外贸易总额的比重来确定最终的权重。目前为了计算的便利,更多的是采取双边贸易加权法。

第三步,测算本国货币与伙伴国货币的双边实际汇率。常用的平减指数包括消费者物价指数、生产者价格指数、GDP 缩减指数等。由于数据的制约及研究目的的不同,通常会选择不同的折算指数。李亚新和余明(2002)、戴世宏和代鹏(2006)采用了消费者价格指数,许和连和赖明勇(2002)则采取了商品零售价格指数。国际货币基金组织则采用根据单位劳动力成本来测算实际有效汇率,并认为这种测算能更加准确反映部门的成本变动。

第四步,通过之前测算出的双边汇率和贸易权重进一步测算实际有效汇率。学术界比较权威的做法是按照 Bahamani-Oskooee(1995)的做法,公式如下:

$$REER = \sum_{i=1}^{n} \beta_i \times \left[\frac{(CPI_d \times \varepsilon_i / CPI_f) \times 100}{(CPI_d \times \varepsilon_i / CPI_f)} \right]$$

其中,$REER$ 代表实际有效汇率,β_i 是权重,ε_i 代表双边实际有效汇率,CPI_f 是外国消费者价格指数,CPI_d 是本国消费者价格指数。

3. 实际有效汇率的测量

实际有效汇率有时也被称为多边实际汇率,它是名义汇率经过平减之后一国与多个国家之间的相对价格的比值,定义如下:

$$REER = \frac{NEER \times \prod (P_f)^{w_i}}{P_d}, \quad \sum_{i=1}^{n} w_i = 1$$

其中，$NEER$ 是名义有效汇率，$REER$ 是实际有效汇率，W_i 是企业出口到目的国 i 的货物价值。以 2005 年为基期，世界上主要国家 1980—2010 年名义、实际有效汇率走势如图 5-1 所示。

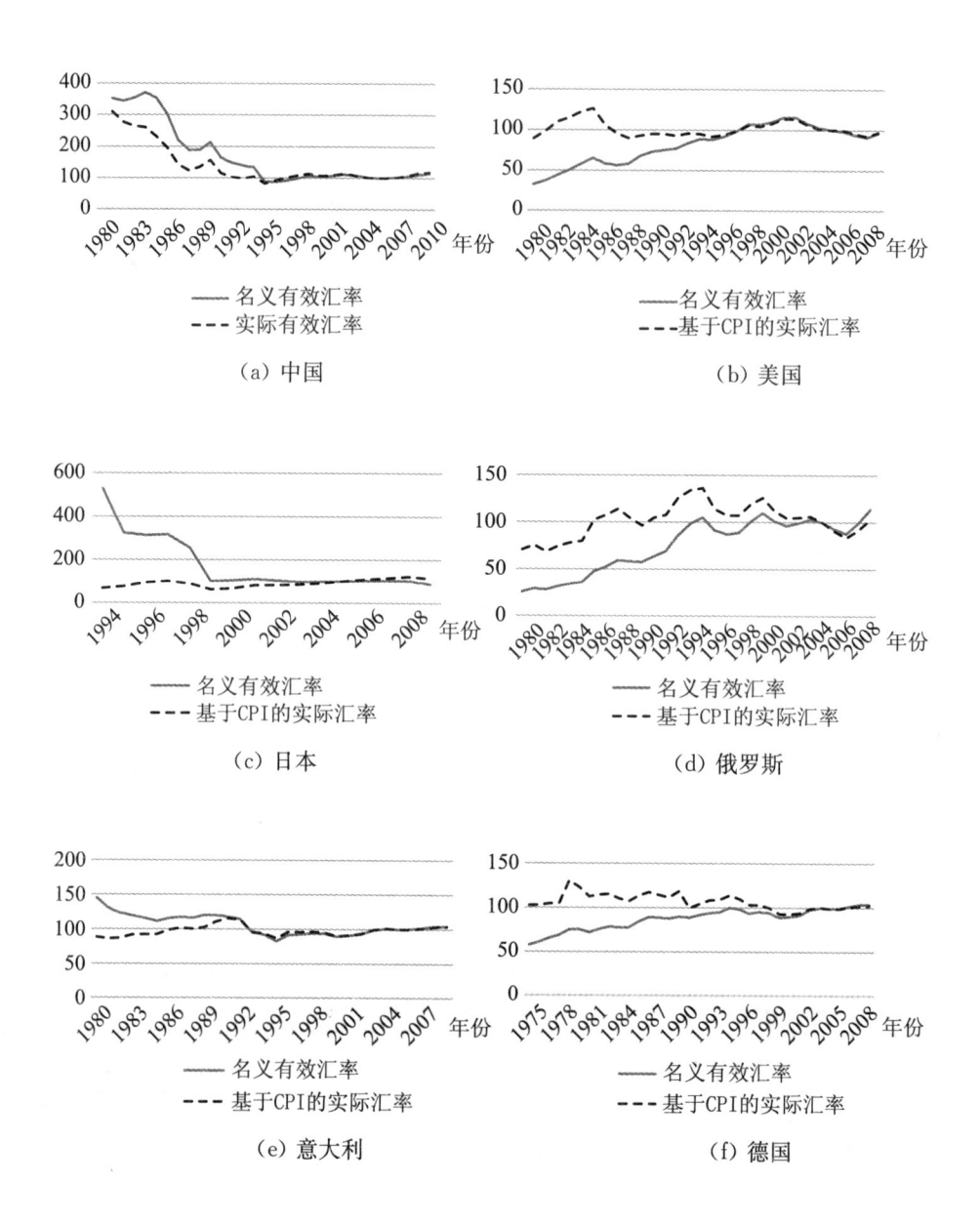

(a) 中国

(b) 美国

(c) 日本

(d) 俄罗斯

(e) 意大利

(f) 德国

（g）法国　　　　　　　　　　　（h）英国

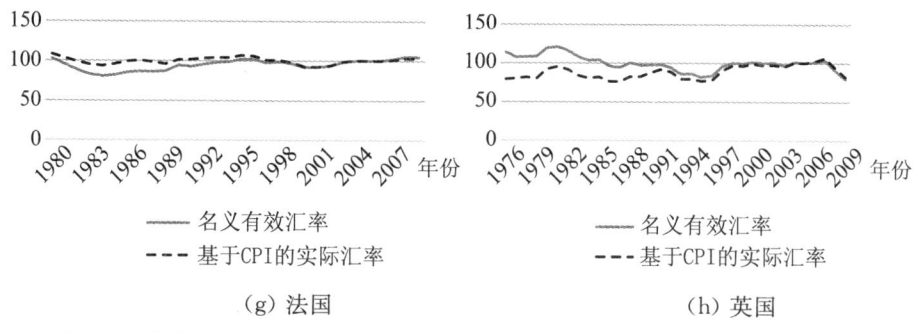

图 5-1　各主要国家 1980—2010 年名义、实际有效汇率趋势（以 2005 年为基期）

资料来源：IFS Financial Statistics。

4. 企业层面人民币实际有效汇率

接下来将介绍本研究采用的汇率指标：企业层面人民币实际有效汇率。据笔者所知，本研究是目前为数不多的采取企业层面人民币有效汇率作为测算指标的研究，这样做的目的主要是基于以下两点：(1) 由于本研究的对象是微观细化的企业，如果采取整体的贸易加权数据有可能会掩盖一些重要的微观事实。海关数据库详细记录的是每一笔产品出口订单，而一家企业出口到不同国家都将面临不同的汇率变动。在同一时期，人民币对美元升值，也可能对日元升值。因此以精确的每一笔产品订单所指向的两国间的双边实际汇率作为指标去衡量，则会使得本研究更具合理性和说服性。(2) 本研究采取实际有效汇率，是为了剔除名义有效汇率的物价通胀因素，排除物价变动对于结论的影响，能够更精确的反应汇率变动对于微观企业的影响。

参考李宏彬等（2011）、余淼杰和王雅琦（2014）的做法，本研究对于单个企业 i 在 t 期所面对的实际有效汇率指标构建如下：

$$REER_{it} = \sum_{j=1}^{n} REER_{j,t}^{w_{i,t}} \times \sum_{j=1}^{n} w_j = 1$$

其中，人民币实际有效汇率 $REER_{jt} = IQM_{jt} \times CPI_{jt} / CPI_{dt}$，$w_{ijt} = \dfrac{x_i^j}{\sum_{j=1}^{n} x_i^j}$

IQM_{jt} 是间接标价法下以人民币来表示外币的价格，指标增大说明人民币贬值，反之则说明人民币升值。CPI_{jt} 是出口目标国 j 国在 t 期的实际有效汇率，CPI_{dt} 是本国人民币在 t 期的实际有效汇率。w_{ijt} 是 i 产品在 t 期出口到 j

国的商品货物价值占据该企业同时期出口总额的比重。

需要指出的是,李宏彬等(2011)所构建的数据是以人民币对美元、英镑、日元等 14 个主要国家的汇率,至于与其他国家的汇率则以美元相对人民币的名义有效汇率予以替代。本研究采取了更精确的做法,测算的实际有效汇率涵盖近乎整个海关数据库所涉及的近 200 个国家和地区。其中,涉及物价的数据来自世界银行下设的世界发展指标数据库(World Development Indicators)。①各国货币的名义有效汇率来源于世界货币基金组织下设的国际金融统计数据库(International Financial Statistics)。货物价值的指标来自中国海关产品层面的微观数据库。

经过测算,企业层面的人民币有效汇率分布如图 5-2 所示:

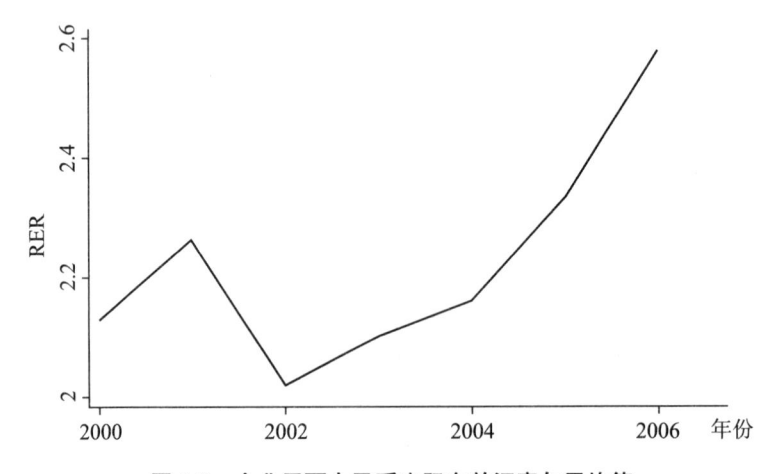

图 5-2　企业层面人民币实际有效汇率年平均值

由图 5-2 可以看到,企业层面年均人民币实际有效汇率在 2000—2001 年有贬值趋势,之后升值,在 2002 年之后再度贬值直至 2006 年。这一点与现实直觉不相符合:人民币汇率在 2000—2004 年保持不变,2005 年汇率改革之后小幅升值。这也许是因为本研究是将汇率细化到每个微观企业所出口的目的地,因而得到与宏观统计数据不相同的结果。

---

① 此数据库是对全球经济发展各方面基本经济数据的汇总,包含了 695 种发展指数的统计数据,以及 208 个国家和 18 个地区与收入群从 1960 年至今的年度经济数据。数据包括了社会、经济、财政、自然资源和环境等各方面的指数。

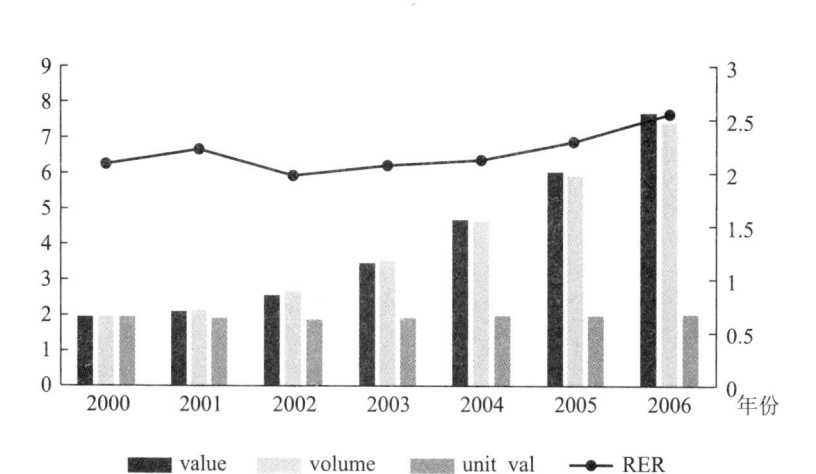

图 5-3 企业层面实际有效汇率与单位出口价格、出口量、出口额的关系

资料来源：贸易数据来源于 UNCTAD 数据库，汇率数据来源于本研究的测算。

图 5-3 描绘了企业层面实际有效汇率与单位出口价格、出口量及出口额的关系。其中 value 是企业出口额，volume 是企业出口量，unit value 是企业单位出口价格，RER 表示实际有效汇率。以 2000 年为基期，出口量、出口额都呈现逐年上升的趋势，而单位出口价格则呈现先下降后上升的趋势。但无论是怎样的情况，三者都与汇率的波动之间呈现一种"弱相关"的关系。表5-3列出了样本中关键变量的统计特征。

表 5-3 样本中部分变量的统计特征

变量	均值	标准差
单位价值的增长率(%)	2.3	56.87
出口额的增长率(%)	1.8	98.34
实际有效汇率(企业层面)	3.17	3.85
全要素生产率(LP)	5.05	1.03
出口—内销比重	0.31	0.47
销售费用	2 426.5	30 620.19
出口值	56 476	657 895
出口国加权 GDP(对数)	30.67	3.17
销售值(千元)	153 489	1 032 769

续表

变　　量	均值	标准差
员工数	56 498	564 786
出口产品种类	6.92	10.87
利润(对数)	3 651.68	60 465.7
工资	3 581.69	27 951.36
外资企业虚拟变量	0.8	0.53
国有企业虚拟变量	0.4	0.39

二、人民币汇率波动与异质性企业单位出口价格分析

上一节介绍了实证所需的数据来源及匹配方法，以及关键变量的测度，为实证做了基础工作。本节将介绍微观企业的单位出口价格与汇率波动之间的关系。为了精确分析微观企业的行为，本节将运用上一节匹配后的企业层面及产品层面的面板数据，分析不同出口表现的企业在遇到人民币汇率波动时会有怎样不同的反应。与截面数据和时间序列数据相比，面板数据能够从多个维度去观测样本期间变量的变动，也能够更好的控制行业固定效应及时间固定效应。本节将分别运用固定效应和随机效应观测样本，再根据豪斯曼检验的结果去判断哪一种模型更加合乎逻辑。

(一) 说明

本节采用的数据是 2000—2006 年的面板数据，并主要对命题 1 进行验证。为了研究人民币汇率波动对于中国异质性出口企业出口加价行为的影响，本节首先要确定需要纳入的指标(如表 5-4 所示)。其中，单位出口价格是企业 i 在 t 期的生产者价格水平的代理变量，是企业出口额与出口量的比值。企业层面实际有效汇率是以人民币表示的外币价格，指标上升说明本币贬值。本节预期企业层面实际有效汇率为正，意味着本国货币贬值会导致出口企业的单位出口价格上升；预期的当期全要素生产率预期符号为正，意味着生产率的提升会令企业提升单位出口价格。

第五章 异质性企业单位出口价格与规模实证分析

表 5-4 变量名称及涵义

变量	代码	涵义	预期符号
被解释变量	UV_{it}	单位出口价格	
解释变量	RXR_{it}	企业层面实际有效汇率	+
	TFP_{it}	当期企业全要素生产率	+
	TFP_{t-1}^{i}	上一期企业全要素生产率	+
	GDP_{it}	目的国加权 GDP	+
	CAP_{it}	人均固定资产额	+
	SC_{it}	企业规模	+
	OP_{it}	销售费用	+
	NEW_{it}	新产品产值	+
虚拟变量	SOE	是否为国有企业	+
	PT	是否为加工贸易企业	−

(二) 计量模型的构建

为了说明人民币汇率波动对于企业出口价格的影响,根据公式 4-17:
$e_{pi}(\varphi) = \dfrac{dp_i(\varphi)}{d\vartheta_i} \dfrac{\vartheta_i}{p_i(\varphi)} = \dfrac{\delta_i \varphi \vartheta_i}{\sigma \tau_i + \delta_i \varphi \vartheta_i}$,本研究构建如下的计量回归模型:

$$\ln(UV_{it}) = \beta_1 \ln(RXR_{it}) + \beta_2 \ln(TFP_{it}) + \beta_3 \ln(TFP_{t-1}^{i}) + \beta_4 \ln(GDP_{it})$$
$$+ \beta_5 \ln X_{it} + \beta_6 SOE_i + \beta_7 PR_i + \Psi_t + \Upsilon_i + \varepsilon_{it} \quad \text{模型 5-1}$$

其中,i 代表企业。t 代表样本所处的时间变动维度,是由 2000—2006 年这个样本期。GDP_{it} 是进口贸易伙伴的加权 GDP,是出口目的国或者地区的加权国内生产总值,权重是本国与进口国的出口份额,代表了该企业的市场份额。X_{it} 表示所有与企业相关的指标,例如企业的人均固定资产额(代表企业的资产密集程度)、经营费用、新产品产值及企业规模。SOE_i、PR_i 是虚拟变量,代表样本是否是国有企业、加工贸易企业,如果是则取 1,不是则取 0。Ψ_t 代表的是时间固定效应,也即所有包含在内的不可观测的时间效应。Υ_i 代表的是行业固定效应。ε_{it} 是随机扰动项,代表一切没有包含在模型中的其他相关因素。

(三) 模型结果分析

表 5-5　人民币汇率波动与单位出口价格基准回归结果

被解释变量：企业单位出口价格	(1) 全部样本 FE	(2) 全部样本 FE	(3) 高生产率企业 FE	(4) 高生产率企业 RE	(5) 低生产率企业 FE	(6) 低生产率企业 RE
企业层面实际有效汇率对数值	0.431* (0.241)	0.138* (0.082)	0.237** (0.118)	0.236* (0.146)	0.014 (0.321)	0.108 (0.267)
全要素生产率对数值	0.812*** (0.271)	0.146*** (0.043)	0.246*** (0.082)	0.178* (0.111)	0.194** (0.101)	0.122** (0.066)
滞后一期全要素生产率对数值	0.417* (0.260)	0.011* (0.007)	0.478** (0.251)	−0.046 (5.014)	0.354* (0.235)	−0.019 (8.124)
目的国加权 GDP 对数	—	0.043** (0.021)	0.013** (0.006)	0.019* (0.002)	0.007** (0.003)	0.014** (0.007)
人均固定资产额对数值	—	0.031* (0.021)	−0.023* (0.015)	0.071* (0.047)	0.013* (0.007)	−0.021 (0.033)
经营费用对数值	—	1.327** (0.732)	1.243* (0.776)	1.872 (0.314)	2.166* (1.353)	1.212* (0.774)
企业规模对数值	—	0.032* (0.023)	0.034* (0.021)	0.024 (1.423)	0.067** (0.033)	0.013 (1.282)
新产品产值对数值	—	0.034 (0.054)	0.023 (0.037)	0.017 (0.046)	0.049 (0.053)	0.021 (0.044)
国有企业虚拟变量	—	0.862** (0.415)	0.801** (0.402)	−0.018* (0.011)	0.658** (0.327)	0.006 (0.012)
加工出口企业虚拟变量	—	−0.136** (0.005)	−0.186** (0.095)	−0.166* (0.103)	−0.154** (0.077)	−0.197* (0.123)
行业固定效应	YES	YES	YES	NO	YES	NO
年份固定效应	YES	YES	YES	NO	YES	NO
R-Square	0.171	0.212	0.197	0.239	0.186	0.242
N	31 991	31 991	9 870	9 870	22 121	22 121
Hausman (P-value)	—	—	113.57(0.000)		34.13(0.000)	

注：括号里的数值为稳健误。表中 * 代表在10%水平上显著，** 代表在5%的水平上显著，*** 代表在1%的水平上显著。本研究使用全体企业全要素生产率的平均值作为标准，区分高生产率组和低生产率组。

表 5-5 列出了人民币汇率波动与企业单位出口价格的基准回归结果。可以看到，高生产率企业和低生产率企业的 Hausman 检验都拒绝了原假设，也

就是说固定效应是一致的,而随机效应是非一致的。因此本节将采取固定效应模型进行以下的分析。

第(1)列是全部样本回归的结果,回归中只加入了企业层面实际有效汇率以及企业的全要素生产率。结果表明企业层面实际有效汇率的系数为正,也就是说当人民币发生贬值时(升值),会带来企业单位出口价格的上升(下降)。从第(1)列到第(2)列逐渐添加一系列可能会影响企业面临的其他变量,可以看到企业层面实际有效汇率、全要素生产率的回归结果均与第一列保持一致,显著性也没有下降,这也再次说明固定效应回归在这里是一致的。值得注意的是,滞后一期全要素生产率对于企业单位出口价格的影响虽然也为正向,但是系数远低于当期全要素生产率的值,这说明企业的决策更多是根据当期的实际情况所定,而不是依赖于历史变量。并且对比起当期全要素生产率,滞后一期的全要素生产率的显著性也有所下降。

在可能影响到企业单位出口价格的变量当中,进口国加权GDP代表了企业的市场规模,可以看到市场规模越大企业出口的单位价值越高;而人均固定资产额的系数为正,意味着企业的资本密集度越高,同样会增加企业的单位出口价格;企业的规模越大,单位出口价格也就越高;新产品产值对于单位出口价格的影响并不显著。当加入国有企业、加工贸易企业这两个虚拟变量的时候,可以看见前者对于企业单位出口价格的影响为正向,而后者为负向。

第(3)列和第(5)列是不同生产率水平的企业对照组。可以看到,高生产率企业组在企业层面实际有效汇率变动时,对于企业单位出口价格的影响要大于低生产率对照组。换句话说,高生产率企业的生产价格对于汇率的变动比低生产率企业要更加敏感。另外,低生产率企业因汇率变动而导致的单位出口价格变动并不显著,这验证了理论模型中命题1的基本观点。

本节在上述的回归结果当中控制了行业的固定效应,但事实上行业与行业之间是存在差异的。根据表5-6的行业固定效应可以看到在烟草制造业、黑色金属冶炼业及压延加工业、有色金属冶炼及压延加工业、石油加工、炼焦及核燃料加工业这几个行业对于企业单位出口价格的符号为正,并且系数较大,说明以上行业对于单位出口价格变动是呈现正向贡献的;在农副食品加工业、纺织业以及饮料制造业等行业,则呈现反向变动。有趣的是,前几类行业的企业全要素生产率水平均高于全行业平均水平,后几类行业的企业全要素生产率则较低。

表 5-6　行业固定效应实证结果

代码	行 业 名 称	行业固定效应	代码	行 业 名 称	行业固定效应
13	农副食品加工业	−0.012***	28	化学纤维制造业	0.041***
14	食品制造业	−0.032***	29	橡胶制品业	0.148***
15	饮料制造业	−0.135***	30	塑料制品业	0.105***
16	烟草制品业	0.337***	31	非金属矿物制品业	0.034***
17	纺织业	−0.038***	32	黑色金属冶炼及压延加工业	0.203***
18	纺织服装、鞋、帽制造业	0.088***	33	有色金属冶炼及压延加工业	0.316***
19	皮革、毛皮、羽毛（绒）及其制品业	0.114***	34	金属制品业	0.169***
20	木材加工及木、竹、藤、棕、草制品业	0.103***	35	通用设备制造业	0.095***
21	家具制造业	0.158***	36	专用设备制造业	0.051***
22	造纸及纸制品业	−0.106***	37	交通运输设备制造业	0.032***
23	印刷业和记录媒介的复制	−0.101***	39	电气机械及器材制造业	0.134***
24	文教体育用品制造业	0.084***	40	通信设备、计算机及其他电子设备制造业	0.122***
25	石油加工、炼焦及核燃料加工业	0.291***	41	仪器仪表及文化、办公用机械制造业	0.163***
26	化学原料及化学制品制造业	0.016***	42	工艺品及其他制造业	0.042***
27	医药制造业	−0.004***	43	废弃资源和废旧材料回收加工业	−0.103***

注：表中 * 代表在10%水平上显著，** 代表在5%的水平上显著，*** 代表在1%的水平上显著。

接下来，本节进一步分析具有中国特色的加工贸易企业对于汇率波动有何不同的反应。如前所述，从事加工贸易出口的企业有可能因为三个方面的原因对于汇率波动缺乏敏感性：首先，加工贸易企业大多数是与外资有紧密联系的企业，往往与上游企业一早订好了相关价格方面的合同。许多加工贸易企业，由于自身缺乏核心技术和竞争力，仅仅作为廉价代工的一个环节，常常会与企业签订长期合同。受到合同的牵制，加工贸易企业在价格方面很难有太多话语权。其次，加工贸易企业会进口原材料来进行加工，来料加工类型的加工贸易企业在面对汇率冲击时,企业自身仅仅面临加工费调整的风险;而进料价格类型的加工贸易企业需要用外币购买进口原材料,经过加工之后再返销海外,于是在人民币贬值的时候,企业的成本会上升导致利润的下降。表5-7列出了不同种类贸易方式企业对于企业单位出口价格调整的实证结果。

表 5-7 加工贸易企业对于企业单位出口价格的影响回归结果

被解释变量: 企业单位出口价格	(1)	(2)	(3)	(4)
	加工贸易企业		非加工贸易企业	
	高生产率	低生产率	高生产率	低生产率
企业层面实际有效汇率对数值	0.056 (0.211)	0.037 (0.562)	0.094* (0.051)	0.108* (0.067)
全要素生产率对数值	0.246 (0.249)	0.013 (0.024)	0.194*** (0.008)	0.122*** (0.043)
目的国加权 GDP 对数值	0.102*** (0.036)	0.109*** (0.003)	0.007*** (0.002)	0.013*** (0.002)
经营费用对数值	0.111*** (0.028)	0.131*** (0.032)	0.134*** (0.040)	0.124*** (0.031)
企业规模对数值	0.312*** (0.072)	0.243*** (0.083)	0.414*** (0.132)	0.142*** (0.048)
国有企业虚拟变量	−0.026 (1.238)	0.325 (1.283)	1.178*** (0.044)	1.423* (0.956)
行业固定效应	YES	YES	YES	YES
年份固定效应	YES	YES	YES	YES
R-Square	0.072	0.078	0.108	0.091
N	5 389	6 892	9 693	10 017

注:括号里的数值为稳健误。表中 * 代表在10%水平上显著,** 代表在5%的水平上显著,*** 代表在1%的水平上显著。本研究使用全体企业全要素生产率的平均值作为标准,区分高生产率组和低生产率组。

由表5-7可以看出,由于加工贸易的特殊生产模式导致企业在面对汇率冲击时,汇率对于企业单位出口价格的影响不再显著。具体来说,比起非加工贸易企业,加工贸易企业在实际有效汇率变动时,对于因变量产品单位出口价格的影响是不显著的,无论高生产率还是低生产率的加工贸易企业,情况都类似。非加工出口且高生产率的企业则在1%的水平上显著,这足以说明加工出口企业对于汇率波动在价值方面是不够敏感的。

在加工贸易出口分类下,全要素生产率这个关键变量的系数估计值也变得不再显著。一般来说，与一般贸易相比，加工贸易的全要素生产率是偏低的，如果按照命题一和基准回归结果，加工贸易单位出口价格是会比一般贸易单位出口价格对于人民币汇率更加敏感的，但事实上并不是这样，这是因为加工贸易特殊的"大进大出"的生产方式及与上游外资企业紧密相连。很多加工贸易企业与上游公司之间有内部汇价，这种汇价往往是在名义汇率的基础上作出一定的调整，在一定程度上可以规避汇率波动带来的风险。

接下来，将进一步分析分销成本及汇率的不同水平对于被解释变量有什么影响。首先来探讨分销成本对于企业面对汇率波动时的行为会有怎样的影响。在之前的理论分析中可以得知，分销成本是货物由到岸直到消费者手中这个过程所产生的一系列费用，是企业外包给当地分销机构来进行的、以外币计价的一笔费用。这部分费用不随生产率的变动而变动。由于海外市场分销成本的存在，汇率对于消费者价格的传导是不完全的。分销成本越高，则单位出口价格的汇率弹性也会越大。因此本节将分销成本作为交叉项加入讨论，并且交叉项的预期符号为正。

由于工业企业数据库和海关数据库中均没有分销成本这个指标，也缺乏可以用作代理本的指标，而各进口国企业层面的分销成本的数据也几乎无法收集，因此本节沿用Campa等(2005)的数据，采用包括澳大利亚、比利时、法国、德国等10个国家的分销成本边际(Distribution Margin)作为分销成本的代理变量。分销成本边际是分销成本在消费者价格中所占的比重，分销成本边际越高，代表分销成本在当地市场越重要。由于本研究的数据范围是2000—2006年的，而这几个国家数据的共同年份最多的是2001年，因此本节采取截面而非面板数据进行分析。这样做也是基于之前的假定：分销成本是不随时间变动而变动的。由于Campa等(2005)的数据并不是全体国家，所以这里采取的并不是全样本企业，仅是样本中出口到这些国家的部分企业。表5-8显示了部分进口国的不同行业大类的分销成本边际。

表5-8　2001年部分国家分销成本边际

国家	年份	所有产业	制造业	非制造业	能源	食物	原材料
澳大利亚	2001	0.14	0.14	0.14	0.19	0.21	0.1
比利时	2001	0.14	0.13	0.16	0.11	0.16	0.14
法国	2001	0.12	0.12	0.12	0.1	0.17	0.04
德国	2001	0.14	0.13	0.21	0.12	0.25	0.22

续表

国家	年份	所有产业	制造业	非制造业	能源	食物	原材料
意大利	2001	0.16	0.15	0.31	0.14	0.28	0.31
荷兰	2001	0.13	0.14	0.09	0.06	0.17	0.03
瑞典	2001	0.11	0.11	0.13	0.11	0.2	0.07
英国	2001	0.21	0.22	0.1	0.05	0.28	0.07

资料来源：Campa 等（2005）。

表 5-9 的第(1)、(2)列展示了当存在分销成本边际时，汇率波动对于企业单位出口价格的影响。可以看到，交叉项系数符号为正，说明分销成本对于出口价值的汇率弹性来说是起正向作用的。这也验证了命题 1 的结论：当分销成本越大时，企业的单位出口价格对于汇率波动越发敏感。也就是说在一个分销成本较高的进口国市场，当本币贬值时，汇率对于消费者价格的传导越不完全。

表 5-9 分销成本、不同汇率水平的实证结果

被解释变量： 企业单位出口价格	(1)	(2)	(3)	(4)
	全部样本		高汇率水平	低汇率水平
企业层面实际有效汇率对数值	0.003* (0.001)	0.108 (0.121)	0.009** (0.004)	0.108 (1.241)
全要素生产率对数值	0.216** (0.107)	0.022** (0.011)	0.194* (0.121)	0.122* (0.073)
分销成本边际	1.231 (2.232)	1.087 (2.367)		
企业层面实际有效汇率× 分销成本边际	1.711** (0.832)	1.412* (0.882)	—	—
目的国加权 GDP 对数值	—	0.111* (0.079)	0.033 (1.239)	0.022 (1.029)
经营费用对数值	—	0.122* (0.076)	0.136 (0.270)	0.134 (0.179)
企业规模对数值	—	0.051* (0.032)	0.011 (6.324)	0.061* (0.038)
N	31 991	31 991	13 089	18 902

注：括号里的数值为稳健误。表中 * 代表在 10% 水平上显著，** 代表在 5% 的水平上显著，*** 代表在 1% 的水平上显著。本研究使用企业层面的实际有效汇率平均值作为标准，区分高水平汇率组和低水平汇率组。

现在来考虑问题的另一个角度：汇率的不同水平对于被解释变量的影响。命题1的第三条结论是：实际汇率水平越高（贬值程度越大），则出口的生产者价格的汇率弹性越大。事实上，较高的实际汇率的作用相当于是一个正向的生产率冲击。为了验证这个结论，本节根据实际汇率的平均水平将汇率分成了高、低两组。表6的第(3)、(4)列展示了回归结果。在高汇率水平对照组，企业层面实际有效汇率的系数估计值为正，且在5%的水平上显著。低汇率水平组则对因变量的影响并不显著。至此，命题1中提及的三个指标：生产率、分销成本及汇率高低水准对于被解释变量的影响都得到了有效的验证。

(四) 稳健性检验

本节构建了固定效应模型和随机效应模型，并区分两类不同生产率水平的企业对比组，运用2000—2006年企业及产品层面微观数据进行了实证分析。实证的基准结果证实了命题1的结论，也与预期的符号相一致。接下来，为了证明上述的相关结论是稳健的，本节需要作出稳健性检验。

首先，本节在基准回归当中采用的是企业层面实际有效汇率，为了验证汇率对于出口行为的效果是稳健的，本节将采用国与国双边实际有效汇率[①]。当这一数值增大时，表示本币相对于伙伴国的货币贬值。具体的回归结果如表5-10所示。

根据回归结果可以观察到，行业双边实际有效汇率对于企业单位出口价格的影响具有同之前相同的显著的效应（注意到此处双边实际有效汇率增大意味着本国货币升值），并且只有高生产率企业的影响显著，而低生产率的企业不显著。于是当双边实际有效汇率增大（减小）时，企业单位出口价格是下降（上升）的。双边实际有效汇率指标、全要素生产率指标及全要素生产率滞后一期的指标在方向上和显著性上与基准回归结果也基本上保持了一致性。主要解释变量的系数变化幅度与之前相比也较小，说明回归结果是稳健的。

---

① 参考Colaceli(2005)的研究，根据各国对于美元的年均汇率测算而得，并用GDP平减指数进行修正。具体的计算公式是：$BER_{it} = \left(\frac{Nominal_{it}}{GDP\_Deflator_{it}}\right) / \left(\frac{Nominal_{jt}}{GDP\_Deflator_{jt}}\right)$，表示本国$j$与伙伴国$i$之间的双边汇率水平。当BER增大时，意味着本币相对于伙伴国的实际双边汇率升值。另外，由于GDP平减指数在2000年被标准化为1，因此为了更准确度量双边汇率，还要考虑两个国家在2000年的真实价格水平。由于2000年这个指标数据的缺失，我们无法直接进行实际汇率的测度。但考虑到2000年两国价格水平之比是一个不随时间变动的变量，若取了对数，初始价格便进入到国家固定效应中。因此，只要控制了国际固定效应，本研究就可以采用文中定义的测度方法。

表 5-10 稳健性检验(双边实际有效汇率)的结果

被解释变量： 企业单位出口价格	(1) 全部样本	(2) 全部样本	(3) 高生产率企业	(4) 低生产率企业
双边实际有效汇率对数值	−0.272** (0.132)	−0.146* (0.091)	−0.179* (0.114)	−0.015 (0.142)
全要素生产率对数值	1.143** (0.572)	0.534** (0.263)	0.585** (0.294)	0.539** (0.269)
滞后一期全要素生产率对数值	0.023* (0.013)	0.028* (0.014)	0.037* (0.026)	0.053 (3.453)
目的国加权 GDP 对数值	—	0.021* (0.013)	0.013** (0.006)	0.132 (0.587)
人均固定资产额对数值	—	0.245 (1.873)	0.321 (1.204)	0.034** (0.012)
经营费用对数值	—	0.037* (0.022)	0.118* (0.073)	0.014 (0.097)
企业规模对数值	—	0.025* (0.013)	0.073 (0.283)	0.026** (0.013)
新产品产值对数值	—	0.013 (0.427)	0.021* (0.013)	0.012 (0.132)
国有企业虚拟变量	—	0.189* (0.118)	0.276 (0.323)	0.106 (0.163)
加工出口企业虚拟变量	—	−0.732*** (0.132)	−0.782*** (0.285)	0.324** (0.132)
国家固定效应	YES	YES	YES	YES
年份固定效应	YES	YES	YES	YES
R-Square	0.137	0.133	0.141	0.142
N	31 991	31 991	10 318	12 557

注：括号里的数值为稳健误。表中 * 代表在 10% 水平上显著，** 代表在 5% 的水平上显著，*** 代表在 1% 的水平上显著。本研究使用全体企业全要素生产率的平均值作为标准，区分高生产率组和低生产率组。

其次，本节将采用全员劳动生产率指标来代替全要素生产率指标。全员劳动生产率是根据工业企业数据库企业层面的数据，用工业增加值除全部从业人员的平均人数而得到，具体计算公式为 $LP=\ln(VA/LQ)$。回归结果如表 5-11 所示。

表 5-11 稳健性检验（全员劳动生产率）的结果

被解释变量： 企业单位出口价格	(1) 全部样本	(2) 全部样本	(3) 高生产率企业	(4) 低生产率企业
企业层面实际汇率对数值	0.384** (0.172)	0.213* (0.142)	0.399** (0.198)	0.147 (0.154)
全员劳动生产率对数值	0.439* (0.274)	0.133** (0.065)	0.197** (0.098)	0.305* (0.191)
目的国加权 GDP 对数值	—	0.134* (0.083)	0.214 (0.133)	0.178 (0.181)
人均固定资产额对数值	—	0.207* (0.123)	0.182 (0.249)	0.283 (0.342)
经营费用对数值	—	0.036* (0.022)	0.105* (0.511)	0.011 (0.238)
企业规模对数值	—	0.783 (0.842)	1.023** (0.513)	0.033 (0.912)
新产品产值对数值	—	0.014 (0.136)	0.009 (0.391)	0.102 (0.313)
国有企业虚拟变量	—	0.015** (0.007)	0.061** (0.031)	0.204** (0.102)
加工出口企业虚拟变量	—	−0.044** (0.021)	−0.032** (0.015)	−0.041** (0.021)
国家固定效应	YES	YES	YES	YES
年份固定效应	YES	YES	YES	YES
行业固定效应	NO	YES	YES	YES
R-Square	0.137	0.133	0.141	0.142
N	31 991	31 991	9 870	22 121

注：括号里的数值为稳健误。表中 * 代表在 10% 水平上显著，** 代表在 5% 的水平上显著，*** 代表在 1% 的水平上显著。本研究使用全体企业全要素生产率的平均值作为标准，区分高生产率组和低生产率组。

从表 5-11 的第(1)列来看，当用全员劳动生产率指标来代替全要素生产率指标时，可以发现微观面板数据的固定效应模型的回归结果与基准模型保持一致，但在显著性方面存在明显的差异。但当第(2)列控制了行业固定效应之后，关键变量的参数估计方向以及显著程度都与原有的回归结果保持一致。稳健性检验的结果显示，无论用什么指标来衡量企业的效率水平，人民币汇率波动都会对企业单位出口价格产生显著的正向影响，而这种影响又因为生产率高低的不同,在企业间存在差异化表现。以上两种方式的稳健性检验均获得通过,证明本章的结论是稳健的并且是一致的。

(五) 基本结论

本节运用 2000—2006 年企业层面及产品层面的精确匹配数据,以企业产品单位出口价格为被解释变量,运用企业层面实际有效汇率和全要素生产率作为影响被解释变量的核心指标,并提供了进口国加权 GDP、人均资本量以及企业层面的其他相关变量作为解释变量加入回归方程。在回归过程中同时控制了企业的行业固定效应、时间固定效应乃至国家固定效应等,构建了固定效应模型和随机效应模型。本节还以全部企业的生产率平均值为标准,区分出高生产率企业组与低生产率企业组,用以识别不同出口表现的企业对于汇率的冲击有何差异化的反应;通过区分加工贸易与一般贸易,观察汇率变动对于加工贸易这个特殊的出口方式是否产生了显著的影响。此外,本节也验证了分销成本及汇率水平对于结果的影响,得到分销水平越高,企业单位出口价格对于汇率波动越敏感。汇率水平越高(本国货币贬值程度越高),则汇率对于价格的传导越不完全。除去基准回归,本节又做了稳健性检验,包括运用双边实际有效汇率来替代企业层面有效汇率、全员劳动生产率来替代全要素生产率。结论是稳健的并且与基准回归结果保持一致。

通过上述分析,本节可以得出以下的结论:无论是高生产率还是低生产率的企业,在面对人民币汇率贬值(升值)时,都会适量增加(减少)产品的单位出口价格;但是高生产率的企业相对于低生产率对照企业组而言,当遇到人民币贬值(升值)时,会更加敏感,而低生产率企业对于汇率变动则是不够敏感。当进口贸易伙伴国的加权 GDP 增加时,企业的出口市场规模增加,在这种情况下企业的自主权更大、市场控制能力更强,因此对于汇率的最优反应的是增加其单位出口价格。当企业人均资本量增加,也即企业的资本密集度提高,则企业亦会增加其单位出口价格。企业层面的其他变量,例如企业的经营费用,作为出口固定费用的一个代理变量,其值越大则企业越会增加其单位出口价格。这一点也符合理论模型当中的逻辑,即生产率越高的企业越有能力承担高额的固定费用,也越情愿为了出口而承担这部分高额的费用。最后,企业的规模和新产品产值,也分别为计量回归结果贡献了少许正向效应。无论是企业的全要素生产率水平还是企业层面其他可以反映企业出口表现的指标,当这些指标越大时,说明企业的出口表现越好,则企业对于人民币汇率的单位出口价格弹性就越大。也就是说企业在出口表现较好的时候,根据汇率改变价格是最优策略。

基于已有的外国文献可以得知生产率越高的企业对于汇率的出口价值弹性越大,但是中国作为一个发展中大国,有其自身的特殊性。加工贸易作为占据中国出口半壁江山的重要贸易方式,在生产和销售方面有其独特的逻辑。这种特性决定了在人民币汇率发生波动时,加工贸易企业所承担的风险要小于同等情况下的一般贸易企业,而对于加工贸易当中的来料加工贸易方式来说,汇率波动带来的唯一风险即为加工费的变动。加工贸易企业常常与母公司签订关于技术、产品、数量方面的合约,在合约当中加工贸易企业可做的更改没有太大余地。综上,当加工贸易这种特殊的贸易方式在面对汇率波动时,其单位出口价格所受到的影响并不显著。

三、人民币汇率波动与异质性企业出口量分析

上一节的讨论以企业单位出口价格作为被解释变量,以企业层面人民币实际有效汇率及全要素生产率作为核心变量,并加上了一系列有可能影响到企业出口行为的自变量,且控制了行业固定效应、时间固定效应、国家固定效应,构建了固定效应模型和随机效应模型。实证研究的结果表明,当人民币发生贬值(升值)时,企业会相应的调整其单位出口价格,但不同出口表现的企业敏感性不同。高生产率的企业对于汇率变动的单位出口价格弹性更大。接下来,本节研究视角将由价值转向规模,以企业的出口交货值作为被解释变量,运用固定效应模型进行分析,并作出稳健性检验。

(一) 变量的说明

本节的分析依旧使用 2000—2006 年经过匹配的工业企业数据库企业层面数据及海关数据库产品层面数据。与之前不同,被解释变量变为企业的出口量,用出口交货值来衡量。核心解释变量是企业层面人民币实际有效汇率,用以说明汇率波动状况的影响,以及全要素生产率,用以测度企业的出口表现情况。除此之外,在回归中还会加入一系列可能会影响被解释变量的指标,具体的变量名称、涵义及预期符号如表 5-12 所示。此处预期企业层面实际有效汇率的符号为正,意味着实际有效汇率的上升(本币贬值)会带来企业出口交货值的增加;当期全要素生产率预期为正,意味着当期全要素生产率的增加会

促使企业出口交货值的增加。

表 5-12　变量名称及涵义

变　量	代码	涵　义	预期符号
被解释变量	EX_{it}	出口交货值	
解释变量	RXR_{it}	企业层面实际有效汇率	＋
	TFP_t	当期企业全要素生产率	＋
	TFP_{t-1}^i	上一期企业全要素生产率	＋
	GDP_{it}	目的国加权 GDP	＋
	SC_{it}	企业规模	＋
	OP_{it}	销售费用	＋
	$year_{it}$	成立年数	＋
虚拟变量	SOE	是否为国有企业	－
	PT	是否为加工贸易企业	＋

(二) 计量模型的构建

为了验证异质性企业出口交货值对于汇率变动的敏感程度的差异,本研究建立以下计量回归模型:

$$\ln(EX_{it}) = \beta_1 \ln(RXR_{it}) + \beta_2 \ln(TFP_{it}) + \beta_3 \ln(TFP_{t-1}^i) + \beta_4 \ln(GDP_{it})$$
$$+ \beta_5 \ln X_{it} + \beta_6 SOE_i + \beta_7 PR_i + \Psi_t + \Upsilon_i + \varepsilon_{it} \quad \text{模型 5-2}$$

这里的各个变量与上一节所阐述的是一致的。i 代表中国出口的具有异质性的企业;t 代表时间,本节选取 2000—2006 年这个区间范围;SOE_i 代表国有企业虚拟变量,若该出口企业是国有企业则为 1,否则为 0;PR_i 代表加工贸易企业虚拟变量,若该出口企业是加工贸易企业则为 1,否则为 0。Ψ_t 是所有不可观测的时间效应总和,Υ_i 代表可被差分的不随时间变动的一切固定因素。本节将采取面板固定效应模型及随机效应模型对这一问题进行阐明。

(三) 模型结果分析

以出口交货值为模型的被解释变量,运用固定效应模型和随机效应模型,所得回归结果如表 5-13 所示。根据豪斯曼检验的结果,固定效应模型是一致的,因此本节依旧以固定效应模型的估计结果为准。根据实证检验的结果可以观察到以下几种情况:首先,当人民币发生贬值时,企业会选择增加出口交货值,但不同出口表现的企业对于汇率变动的出口量弹性是不同的。这集中表现为汇率变动对于低生产率组的出口交货值的影响是不显著的,高生产率企业则恰恰相反。这个结果恰恰验证了命题2的主要结论,也就是说高生产率的企业相对于汇率变动的出口量弹性较小,而低生产率的企业对于汇率变动的出口量弹性较大。与上一节的结论联合在一起可知,面对人民币汇率波动,高生产率的企业倾向于调整单位出口价格,而低生产率企业倾向于调整出口交货值。汇率对于高生产率企业的传导是不完全的。这个结论与命题2的结果是完全一致的。

回归方程中的另一个关键变量,全要素生产率的估计系数,在这里依旧是正向的,也就是说出口企业的生产率越高,则出口交货值就越大。反过来说,出口企业的生产率越低,则相应的出口交货值也越小;进口国的加权GDP估计系数越大,则意味着企业的出口市场规模越大,则出口交货值越高。此外,企业的其他基本指标或者财务指标,如企业的成立年数、规模、经营费用都对解释变量出口交货值有正向的贡献。但是在样本考察期内,企业的出口交货值并不随年数的变动而产生任何显著的差异。当加入国有企业虚拟变量时,回归系数为正,但是高生产率组企业的结果并不显著;当加入加工贸易企业虚拟变量时,系数符号为正,说明从事加工贸易出口的企业对于出口交货值是有正向影响的。

表5-13 人民币汇率波动与企业出口交货值基准回归结果

被解释变量: 企业出口 交货值对数值	(1)	(2)	(3)	(4)	(5)	(6)
	全部样本		高生产率企业		低生产率企业	
	FE	FE	FE	RE	FE	RE
企业层面实际有效汇率对数值	0.333** (0.121)	0.238** (0.111)	0.107 (0.132)	0.236* (0.147)	0.614** (0.301)	0.408** (0.207)
全要素生产率对数值	0.812*** (0.177)	0.146*** (0.036)	0.246** (0.086)	0.178* (0.114)	0.194*** (0.051)	0.122* (0.063)
滞后一期全要素生产率对数值	0.076*** (0.025)	0.044** (0.019)	0.083 (0.144)	0.076 (0.119)	0.033* (0.017)	−0.028** (0.017)

续表

被解释变量：企业出口交货值对数值	(1)	(2)	(3)	(4)	(5)	(6)
	全部样本		高生产率企业		低生产率企业	
	FE	FE	FE	RE	FE	RE
目的国加权GDP对数值	—	0.109* (0.069)	0.113 (0.231)	0.122 (0.187)	0.134* (0.073)	0.047 (0.112)
经营费用对数值	—	0.329** (0.166)	0.872* (0.545)	1.103 (1.193)	0.112* (0.071)	0.292* (0.181)
企业规模对数值	—	0.032* (0.022)	0.034* (0.020)	0.024 (0.023)	0.067** (0.033)	0.013 (0.082)
成立年数	—	0.006 (0.055)	0.034 (0.064)	0.021 (0.036)	0.043 (0.042)	0.036 (0.037)
国有企业虚拟变量	—	0.031* (0.019)	0.012 (0.016)	0.010 (0.011)	0.319* (0.198)	0.001 (0.031)
加工出口企业虚拟变量	—	0.101** (0.052)	0.232* (0.145)	0.296 (0.301)	0.103** (0.051)	0.129* (0.081)
行业固定效应	YES	YES	YES	NO	YES	NO
年份固定效应	YES	YES	YES	NO	YES	NO
R-Square	0.211	0.212	0.197	0.239	0.186	0.242
N	31 991	31 991	9 870	9 870	22 121	22 121
Hausman (P-value)	—	—	3 426.71(0.000)		1 421.51(0.000)	

注：括号里的数值为稳健误。表中*代表在10%水平上显著，**代表在5%的水平上显著，***代表在1%的水平上显著。本研究使用全体企业全要素生产率的平均值作为标准，来区分高生产率组和低生产率组。

本节在上述的回归结果当中控制了行业的固定效应，但事实上行业与行业之间是存在差异的。根据表5-14的行业固定效应，可以看到在传统的劳动密集型产业，例如农副产品加工业、纺织业以及纺织服装、鞋、帽制造业，回归系数都为正，且系数较大，对于出口交货值的影响较大。在化学纤维制造业、通用设备制造业及专用设备制造业，回归系数依旧为正，但相对系数较小，这说明技术含量较高的企业对于出口交货值的影响较小。

表 5-14 行业固定效应实证结果

代码	行业名称	行业固定效应	代码	行业名称	行业固定效应
13	农副食品加工业	0.303***	28	化学纤维制造业	0.041***
14	食品制造业	0.032***	29	橡胶制品业	0.148***
15	饮料制造业	0.135***	30	塑料制品业	0.105***
16	烟草制品业	0.337***	31	非金属矿物制品业	0.034***
17	纺织业	0.238***	32	黑色金属冶炼及压延加工业	0.203***
18	纺织服装、鞋、帽制造业	0.388***	33	有色金属冶炼及压延加工业	0.316***
19	皮革、毛皮、羽毛(绒)及其制品业	0.014***	34	金属制品业	0.169***
20	木材加工及木、竹、藤、棕、草制品业	0.103***	35	通用设备制造业	0.095***
21	家具制造业	0.158***	36	专用设备制造业	0.051***
22	造纸及纸制品业	−0.106***	37	交通运输设备制造业	0.032***
23	印刷业和记录媒介的复制	−0.101***	39	电气机械及器材制造业	0.134***
24	文教体育用品制造业	0.084***	40	通信设备、计算机及其他电子设备制造业	0.302***
25	石油加工、炼焦及核燃料加工业	0.291***	41	仪器仪表及文化、办公用机械制造业	0.163***
26	化学原料及化学制品制造业	0.016***	42	工艺品及其他制造业	0.042***
27	医药制造业	−0.004***	43	废弃资源和废旧材料回收加工业	−0.103***

注:表中*代表在10%水平上显著,**代表在5%的水平上显著,***代表在1%的水平上显著。

与上一节相似,接下来本节将继续探讨加工贸易出口的问题。由上一节的回归结果可以观察到,汇率变动对于加工贸易企业的单位出口价格影响并不显著。这可能是基于加工贸易"大进大出""两头在外"的生产模式所决定的。加工贸易企业与上游企业往往签订了时间较长的合同,在合同期内无法随意变更产品的单位出口价格,这便导致这类企业对于人民币汇率变动是不敏感的。表5-15列出了加工贸易方式和非加工贸易方式企业对于出口交货值影响的回归结果。

表 5-15　加工出口企业对于企业出口交货值的影响

解释变量： 企业出口交货值	(1)	(2)	(3)	(4)
	加工贸易企业		非加工贸易企业	
	高生产率	低生产率	高生产率	低生产率
企业层面实际有效汇率对数值	0.136** (0.066)	0.150** (0.063)	0.077* (0.032)	0.133* (0.083)
全要素生产率对数值	0.246* (0.153)	0.056 (1.137)	0.343* (0.203)	0.254* (0.152)
目的国加权 GDP 对数值	0.030* (0.018)	0.071* (0.045)	0.002* (0.001)	0.010 (1.003)
经营费用对数值	0.243 (3.284)	0.154 (3.822)	0.122 (3.580)	0.126 (3.038)
企业规模对数值	−0.008 3 (1.472)	−0.029 (1.423)	0.036 (1.142)	0.061* (0.039)
企业成立年数	0.031 (0.428)	0.034* (0.023)	0.024 (1.342)	0.016 (1.394)
行业固定效应	YES	YES	YES	YES
年份固定效应	YES	YES	YES	YES
R-Square	0.072	0.078	0.108	0.091
N	5 389	6 892	9 693	10 017

注：括号里的数值为稳健误。表中 * 代表在 10% 水平上显著，** 代表在 5% 的水平上显著，*** 代表在 1% 的水平上显著。本研究使用全体企业全要素生产率的平均值作为标准，区分高生产率组和低生产率组。

如表 5-15 所示，与之前不同的是，加工贸易企业的系数估计值是显著的，且符号为正，意味着凡是汇率贬值（升值）则企业出口交货值会上升（下降），而低生产率企业比高生产率对照组要变动幅度更大。非加工贸易组也呈现出相似的结果。可以说明的是，加工贸易企业因从事简单重复的加工劳动，因而在量上可以做到因人民币汇率波动而进行的快速调整。事实上，中国对外出口总量在很长一段时间里都是依靠加工贸易的大量出口，但一直维持着较低的利润率，正是这种"增量而不增利"的贸易方式遭到诟病[①]。全要素生产率对于

---

① 中国对外贸易的蓬勃发展得益于加工贸易的迅速壮大，加工出口也使得中国企业成为"世界工厂"。但是现在有一种普遍的看法，就是认为大量中国企业一方面向全世界大量输出印有"中国制造"的各类商品，另一方面却从中赚取极为微薄的加工费作为回报。参见 Yu 和 Tang(2012)、Yu(2011)。

因变量回归的系数为正,也就是说全要素生产率越高的企业,出口交货值越大。对于价格贸易企业来说,企业规模越大,出口交货值反而减少。这也许与之前的预期正好相反,因为一般来说企业的规模会对企业出口量产生正向影响。但或许正是由于加工贸易企业所具有的特殊性,其出口量的大小与企业规模并不呈现正向相关。此处的负向影响关系也并不显著。另外,加工贸易企业当中的低生产率企业成立的时间越久,出口的数量越多,这或许是因为在市场上存在的时间越长,则加工贸易企业与上下游公司所建立的网络越密集,因而有更多机会拿到出口加工订单。此处的回归结果控制了年份固定效应和行业固定效应。

与上一节的分析相类似,接下来,将分析分销成本边际及汇率波动水平对于被解释变量各有什么影响。首先,讨论分销成本边际对于企业出口交货值的汇率弹性有什么影响。在命题2中可以得知,进口国市场分销成本越大,则汇率对于消费者价格的传导越不完全。也就是说,分销成本在进口国市场的水平越高,则企业调整出口交货值的汇率弹性会越小。本节仍然将分销成本边际作为交叉项添加到回归方程当中,预期符号为负。分销成本边际的数据则依然沿用上一节的截面数据。表5-16显示了部分进口国的不同行业大类下的分销成本边际对于出口交货值对汇率弹性的影响。

表5-16的第(1)、(2)列展示了当分销成本边际存在时,汇率波动对于企业出口交货值的影响。可以看到,交叉项系数符号为负,说明分销成本对于出口交货值的汇率弹性来说是起反向作用的。这也验证了命题2的部分结论:当分销成本越大时,企业的出口交货值对汇率的敏感程度越低。也就是说,进口国市场的分销成本越大,则企业在面临实际汇率贬值时会调整出口交货值的幅度越小。

表5-16 分销成本、不同汇率水平的实证结果

解释变量: 企业出口交货值	(1)	(2)	(3)	(4)
	全部样本		高汇率水平	低汇率水平
企业层面实际有效汇率对数值	0.232 (0.245)	0.124 (0.131)	−0.145* (0.091)	0.764 (0.864)
全要素生产率对数值	0.178 (0.289)	0.037 (0.214)	0.056*** (0.014)	0.104* (0.063)
分销成本边际	2.190 (2.232)	1.087 (1.367)	—	—

续表

解释变量： 企业出口交货值	(1)	(2)	(3)	(4)
	全部样本		高汇率水平	低汇率水平
企业层面实际有效汇率× 分销成本边际	−4.822** (2.622)	−1.412* (0.889)	—	—
目的国加权 GDP 对数值	—	0.135 (0.284)	0.144 (1.265)	0.198 (1.209)
经营费用对数值	—	0.291 (1.091)	0.124 (1.331)	0.155 (0.981)
企业规模对数值	—	0.030 (0.232)	0.231 (1.133)	0.211 (1.235)
N	31 991	31 991	13 089	18 902

注：括号里的数值为稳健误。表中 * 代表在 10% 水平上显著，** 代表在 5% 的水平上显著，*** 代表在 1% 的水平上显著。本研究使用企业层面的实际有效汇率平均值作为标准，区分高水平汇率组和低水平汇率组。

接下来，将会验证问题的另一个层面：汇率的不同水平对于被解释变量的影响。命题2的第三条结论是：实际汇率水平越高（贬值程度越大），则出口量的汇率弹性越小。也就是说，贬值程度越高，则出口交货值对于汇率的调整弹性越小。为了验证这个结论，本节根据实际汇率的平均水平将汇率分成了高、低两组。表 5-16 的第(3)、(4)列展示了回归结果。在高汇率水平对照组，企业层面实际有效汇率的系数为负，且在 10% 的水平上显著。低汇率水平组则对此影响并不显著。至此，命题 2 中提及的三个指标：生产率、分销成本及汇率高低水准对于被解释变量的影响都得到了验证。

(四) 稳健性检验

前一节检验了企业层面人民币汇率与出口交货值的关系，证实了理论模型命题 2 的观点：当人民币发生贬值（升值）时，企业会选择增加（减少）出口数量，但不同出口表现的企业有不同的敏感度。生产率较低的企业面对贬值会选择增加出口交货值，而生产率较高的企业受到的影响则并不显著；分销成本越高，则企业出口交货值对于汇率的调整越不敏感；本国货币贬值程度越高，出口交货值的对汇率的弹性越小。接下来，我们将进行结论的稳健性检验。本节将采取上一节类似的方法，将两个最重要的变量用相近的指标进行替换，来观察是否无论基于哪种指标，结果都是一致的。表 5-17 展示了以双边实际有效汇率替换企业层面实际汇率的稳健性检验结果,表 5-18 展示了以全员劳动生产率指标替换全要素生产率指标的稳健性检验结果。

如表 5-17 所示,用双边实际有效汇率替代了企业层面实际汇率时,结果依旧是稳健的。其中,低生产率企业在面对双边实际有效汇率变动时,当人民币相对于外币贬值(升值),选择增加(减少)出口交货值;高生产率企业与之前相似,依旧是结果不显著;全要素生产率依旧为因变量企业出口交货值贡献正向的系数,总样本及各生产率分组企业的结果也都是显著的。

表 5-17 稳健性检验(双边实际有效汇率)的结果

被解释变量: 企业出口交货值	(1) 全部样本	(2) 全部样本	(3) 高生产 率企业	(4) 低生产 率企业
双边实际有效汇率对数值	0.430* (0.253)	0.107 (0.279)	0.132 (0.263)	0.415** (0.203)
全要素生产率对数值	0.294** (0.142)	0.111** (0.054)	0.232** (0.116)	0.327** (0.165)
滞后一期全要素生产率对数值	0.013* (0.008)	0.019* (0.011)	0.033* (0.021)	0.042 (1.245)
目的国加权 GDP 对数值	—	0.007* (0.005)	0.021** (0.012)	0.034 (1.544)
经营费用对数值	—	0.136 (2.343)	0.107 (2.376)	0.145* (0.097)
企业年数	—	0.004 (0.076)	0.107* (0.066)	0.103 (0.175)
企业规模对数值	—	0.069 (1.450)	0.143 (1.485)	0.108 (0.810)
新产品产值对数值	—	0.056 (3.953)	0.032* (0.021)	0.041 (1.764)
国有企业虚拟变量	—	0.013* (0.008)	0.108 (0.743)	0.126 (0.393)
加工出口企业虚拟变量	—	0.193** (0.096)	0.212 (0.285)	0.188* (0.117)
国家固定效应	YES	YES	YES	YES
年份固定效应	YES	YES	YES	YES
R-Square	0.111	0.125	0.116	0.115
N	31 991	31 991	10 318	12 557

注:括号里的数值为稳健误。表中 * 代表在 10% 水平上显著,** 代表在 5% 的水平上显著,*** 代表在 1% 的水平上显著。本研究使用全体企业全要素生产率的平均值作为标准,区分高生产率组和低生产率组。

表 5-18 展示了用全员劳动生产率指标替换全要素生产率指标的稳健性检验结果。与基准回归结果相比,企业层面的实际有效汇率越高(贬值越严重),全样本企业的出口交货值越高,低生产率企业继续维持回归系数的显著,但高生产率企业的回归系数则不显著。这个结果与基准回归结果是相一致的。与基准结果略有不同的是,这里全员劳动生产率的回归结果显著性有所下降。

表 5-18 稳健性检验(全员劳动生产率)的结果

被解释变量: 企业单位 出口交货值	(1)	(2)	(3)	(4)
	全部样本		高生产率企业	低生产率企业
企业层面实际汇率对数值	0.322* (0.201)	0.241* (0.151)	0.399 (1.132)	0.317* (1.134)
全员劳动生产率对数值	0.334* (0.208)	0.234 (1.026)	0.017 (0.021)	0.214 (0.321)
目的国加权 GDP 对数值	—	0.134* (0.083)	0.214* (0.133)	0.178 (0.231)
人均固定资产额对数值	—	0.115* (0.071)	0.214 (0.314)	0.153 (0.238)
经营费用对数值	—	0.036* (0.021)	0.105* (0.063)	0.032 (0.234)
企业规模对数值	—	0.123 (0.224)	0.026** (0.015)	0.071 (0.112)
新产品产值对数值	—	0.013 (0.265)	0.091 (0.562)	0.042 (1.423)
国有企业虚拟变量	—	0.042* (0.023)	0.033 (0.466)	0.092 (0.617)
加工出口企业虚拟变量	—	0.213* (0.133)	0.041 (0.878)	−0.022 (0.647)
国家固定效应	YES	YES	YES	YES
年份固定效应	YES	YES	YES	YES
行业固定效应	NO	YES	YES	YES
R-Square	0.137	0.133	0.141	0.142
N	31 991	31 991	9 870	22 121

注:括号里的数值为稳健误。表中 * 代表在 10% 水平上显著, ** 代表在 5% 的水平上显著, *** 代表在 1% 的水平上显著。本研究使用全体企业全要素生产率的平均值作为标准,区分高生产率组和低生产率组。

(五) 基本结论

本节构建了被解释变量为出口交货值的实证检验模型,并运用2000—2006年匹配后的企业层面及产品层面的数据进行了回归验证。实证检验的结果表明:出口企业在面临外生的汇率上升(下降)时会选择增加(减少)出口交货值,但不同出口表现的企业对于汇率波动的反应是不同的:高生产率的企业对人民币汇率波动的出口数量弹性较小,而低生产率的企业对人民币汇率波动的出口数量弹性较大。这与命题2的结论相符合。此外,当分销成本越高时,企业出口交货值对汇率的弹性会减小;本国货币贬值程度越高,则企业调整出口交货值的敏感性会降低。

综上所述,当出口企业面对汇率波动时,会及时调整出口交货值的数量。结合上一节关于汇率波动的单位出口价格的结论可以总结出以下观点:面对人民币汇率贬值(升值),高生产率企业倾向于增加(减少)单位出口价格,而低生产率企业倾向于增加(减少)出口交货值;全要素生产率作为衡量企业出口表现的核心变量,再次阐释了异质性企业理论关于出口企业生产率与出口数量之间的正向关系。当我们将加工贸易企业与非加工贸易企业区分开来,可以发现加工贸易企业因汇率波动而引发的出口数量的变动是更加显著的,这说明加工贸易企业能够即时调整加工生产的出口数目。其他一些与企业出口相关的企业层面指标的回归结果也具有显著性。本节的稳健性检验与上一节的做法相同,采取替换回归方程中核心的两个解释变量:用双边实际有效汇率指标来替换企业层面实际有效汇率指标,用全员劳动生产率指标来替换全要素生产率指标。除个别情况下变量系数估计值的回归结果显著性有所下降,总的来说稳健性检验结果与基准结果是基本保持一致的。

四、人民币汇率波动与异质性企业出口额

在前两节中笔者已经分析了企业单位出口价格与企业出口数量对于汇率的弹性,本节将分析汇率波动对于企业出口额的影响。

根据我们的理论模型,单个企业出口额对于汇率的弹性是由单位出口价格对于汇率的弹性和出口数量对于汇率的弹性加总得到的。然而,汇率的单位出口价格弹性是随生产率上升而上升的,但汇率的企业出口数量(出口交货值)弹性是随生产率的上升而下降的。这样一来,单个企业的出口额对于汇率波动的弹性情况则变得不够清晰。本节将单个企业的出口额作为被解释变

量,构建基于固定效应的实证分析模型:

$$\ln(VA_{it}) = \beta_1 \ln(RXR_{it}) + \beta_2 \ln(TFP_{it}) + \beta_3 \ln(TFP_{t-1}^i) + \beta_4 \ln(GDP_{it})$$
$$+ \beta_5 \ln X_{it} + \beta_6 SOE_i + \beta_7 PR_i + \Psi_t + \Upsilon_i + \varepsilon_{it} \quad \text{模型 5-3}$$

这里的各个变量与上一节所阐述的是基本一致的。i 代表本国出口的具有异质性生产率的企业;t 代表时间,本节选取 2000—2006 年这个区间范围;SOE_i 代表国有企业虚拟变量,若该出口企业是国有企业则为 1,否则为 0;PR_i 代表加工贸易企业虚拟变量,若该出口企业是加工贸易企业则为 1,否则为 0。Ψ_t 是所有不可观测的时间效应总和,Υ_i 代表可被差分的不随时间变动的一切固定因素。本节将采取面板固定效应模型对这一问题进行阐明。实证检验的结果如表 5-19 所示:

表 5-19 汇率波动对于企业出口额的影响基准回归结果

解释变量: 企业出口额	(1) 全部样本	(2) 全部样本	(3) 高生产率企业	(4) 低生产率企业
企业层面实际汇率对数值	−0.417 (3.315)	−0.241 (3.422)	−0.069 (3.218)	−0.097 (3.016)
全要素生产率对数值	0.334** (0.166)	0.234** (0.115)	0.319** (0.159)	0.342** (0.142)
滞后期全要素生产率对数值	0.133 (1.013)	0.117 (0.898)	0.120 (0.798)	0.137 (0.796)
目的国加权 GDP 对数值	—	0.324* (0.142)	0.542* (0.376)	0.533 (0.611)
人均固定资产额对数值	—	0.078* (0.041)	0.015* (0.008)	0.045* (0.027)
经营费用对数值	—	0.031 (0.231)	0.076 (0.241)	0.052 (0.433)
企业规模对数值	—	0.076 (0.231)	0.054 (0.431)	0.025 (0.074)
年份固定效应	YES	YES	YES	YES
行业固定效应	YES	YES	YES	YES
R-Square	0.122	0.138	0.136	0.131
N	31 991	31 991	9 870	22 121

注:括号里的数值为稳健误。表中 * 代表在 10% 水平上显著,** 代表在 5% 的水平上显著,*** 代表在 1% 的水平上显著。本研究使用全体企业全要素生产率的平均值作为标准,区分高生产率组和低生产率组。

表 5-19 展示了人民币汇率波动对于单个企业出口额的影响。实证结果显示,当在第(1)列中仅添加了企业层面实际有效汇率和全要素生产率这两个关键变量时,这两个指标对于汇率波动的回归系数符号恰好相反。全要素生产率指标越高,则企业对外出口额越高,并在 5% 的统计水平上显著。然而,企业层面实际有效汇率指标的估计系数为负,并且回归系数在统计上并不显著。这说明汇率波动的企业出口额变动是不明显的。当在第(3)列、第(4)列区分了高生产率企业组和低生产率企业组,会发现相对于低生产率企业,汇率每变动一个单位的数值,高生产率企业的出口额下降得更慢。但无论是在高生产率组还是低生产率组,汇率指标的估计回归系数都是不显著的。

当在第(2)列中加入其他变量,结果显示企业层面实际有效汇率变量和全要素生产率变量对于被解释变量的影响仍旧显著,这说明固定效应模型对于本节的分析是有效的。另外,目的国加权 GDP 对于企业出口额有着正向的影响,并且对于高生产率组来说出口额提升的幅度更大;人均固定资产额指标对于企业出口额同样有着正向的影响,并在 10% 的水平上显著;销售费用和企业规模这两个变量在这里不再显著。

与前两节的做法相类似,表 5-20 和表 5-21 是本节的稳健性检验部分。表 5-20 是用双边实际有效汇率指标来替换企业层面指标的稳健性检验。由表 5-20 可以看到,双边实际有效汇率无论是在全部样本组,还是在区分了高低生产率的样本组,其对于被解释变量的影响都不显著。全要素生产率指标则与被解释变量呈现正向相关关系,说明企业全要素生产率越高,则企业出口额会越高。其他回归方程中的指标与基准回归基本保持一致,在此不再赘述。

表 5-20 汇率波动对于企业出口额的影响稳健性检验(双边实际有效汇率)

被解释变量: 企业出口额	(1)	(2)	(3)	(4)
	全部样本		高生产率企业	低生产率企业
双边实际有效汇率对数值	−0.362 (2.173)	−0.241 (1.378)	−0.094 (2.126)	−0.067 (2.124)
全要素生产率对数值	0.183** (0.096)	0.287** (0.149)	0.299** (0.145)	0.262** (0.132)
目的国加权 GDP 对数值	—	0.441* (0.258)	0.628* (0.398)	0.409 (0.491)
人均固定资产额对数值	—	0.114* (0.067)	0.126* (0.078)	0.109* (0.068)

续表

被解释变量：企业出口额	(1)	(2)	(3)	(4)
	全部样本		高生产率企业	低生产率企业
经营费用对数值	—	0.076 (0.118)	0.088 (0.314)	0.076 (0.341)
企业规模对数值	—	0.036 (0.033)	0.039 (0.037)	0.029 (0.042)
年份固定效应	YES	YES	YES	YES
行业固定效应	YES	YES	YES	YES
R-Square	0.123	0.129	0.122	0.124
N	31 991	31 991	9 870	22 121

注：括号里的数值为稳健误。表中 * 代表在10%水平上显著，** 代表在5%的水平上显著，*** 代表在1%的水平上显著。本研究使用全体企业全要素生产率的平均值作为标准，区分高生产率组和低生产率组。

表5-21展示了用全员劳动生产率指标代替全要素生产率指标所进行的稳健性检验，结果发现企业层面实际有效汇率指标的系数估计值依旧不显著。与基准结果相异的是第(3)列中，汇率的估计系数在高生产率企业组由负变为正。但由于系数在统计上并不显著，因此并不会对结果造成太大影响。全员劳动生产率指标对于被解释变量的影响显著为正，说明企业全员劳动生产率越高，则其出口额越高。其余回归方程中的变量的估计系数符号及显著性与基准回归结果相类似，此处不再赘述。

表5-21 汇率波动对于企业出口额的影响稳健性检验（全员劳动生产率）

被解释变量：企业出口额	(1)	(2)	(3)	(4)
	全部样本		高生产率企业	低生产率企业
企业层面实际汇率对数值	−0.328 (3.425)	−0.241 (3.681)	0.103 (3.426)	−0.176 (4.223)
全员劳动生产率	0.451** (0.219)	0.337** (0.164)	0.461** (0.232)	0.243** (0.138)
目的国加权GDP对数值	—	0.412* (0.256)	0.394 (0.385)	0.263 (0.473)
人均固定资产额对数值	—	0.224* (0.143)	0.162* (0.103)	0.112* (0.069)

续表

被解释变量： 企业出口额	(1)	(2)	(3)	(4)
	全部样本		高生产 率企业	低生产 率企业
经营费用对数值	—	0.178 (0.421)	0.169 (0.398)	0.153 (0.349)
企业规模对数值	—	0.119 (0.462)	0.128 (0.341)	0.126 (0.243)
年份固定效应	YES	YES	YES	YES
行业固定效应	YES	YES	YES	YES
R-Square	0.122	0.138	0.136	0.131
N	31 991	31 991	9 870	22 121

注：括号里的数值为稳健误。表中 * 代表在 10% 水平上显著，** 代表在 5% 的水平上显著，*** 代表在 1% 的水平上显著。本研究使用全体企业全要素生产率的平均值作为标准，区分高生产率组和低生产率组。

五、人民币汇率波动与产品质量

关于企业异质性的来源，本研究采取全要素生产率作为衡量指标。在第四章的理论模型中，作为异质性来源的另一个指标——产品质量差异也得到了理论分析的支撑。本节将给出以产品质量作为企业异质性来源的实证结果，作为全书的一个补充内容。

Melitz(2003)的异质性企业模型的核心假设有两点，一是异质性仅仅来源于企业生产率水平的差异，二是消费者效用函数为 CES 常替代型。这种假设忽略了产品垂直差异性。为了验证第四章理论模型关于用差异化产品质量来区分企业异质性能得到与基准模型相一致的结论，本节首先进行产品质量的测算，其次将结合之前的实证模型进行验证，并说明实证结果。

（一）产品质量的测算

本节按照 Gervais(2013)、Mark 等(2012)以及施炳展(2013)的方法[①]，运用海关产品层面数据进行测算，测算结果如表 5-22 所示：

[①] 本节测算方法来自上述文献，理论模型参照 Hallak 和 Sivadasan(2009)，具体测算细节可参见施炳展(2013)的做法。此处不再赘述。

第五章 异质性企业单位出口价格与规模实证分析

表 5-22 中国出口企业历年产品质量变化趋势

企业类型	2000年	2001年	2002年	2003年	2004年	2005年	2006年	均值
总样本	0.803	0.719	0.819	0.824	0.827	0.831	0.836	0.808
国有企业	0.788	0.789	0.791	0.786	0.788	0.789	0.783	0.788
外资企业	0.821	0.813	0.818	0.829	0.831	0.844	0.847	0.847
加工贸易企业	0.712	0.707	0.714	0.721	0.713	0.733	0.764	0.764
非加工贸易企业	0.841	0.836	0.842	0.851	0.859	0.861	0.856	0.856

由表 5-22 可以看出，在样本期内，总样本的产品质量除个别年份之外呈现逐年上升的趋势，但 2000 年到 2001 年整体有所下降，这可能是因为加入 WTO 之后由于贸易成本的下降，有许多低质量的企业开始选择出口，因此降低了总体水平。

与施炳展（2013）的测算结果有所差异的是，国有企业的产品质量并没有呈现下降趋势，这有可能是因为本研究采取的是匹配后数据，而施炳展（2013）的研究是采取海关产品数据。但是本研究所得关于外资企业、加工贸易企业及非加工贸易企业所得的产品质量逐年变动趋势都与施炳展（2013）的研究保持一致。纵向比较可以看到，2000—2006 年产品质量均值最高的是非加工贸易企业，其次是外资企业，而加工贸易企业的产品质量最低。

（二）实证检验

与之前相类似，本节将单个企业的单位出口价格作为被解释变量，构建基于固定效应的实证分析模型：

$$\ln(VA_{it}) = \beta_1 \ln(RXR_{it}) + \beta_2 \ln(Qua_{itf}) + \beta_3 \ln(GDP_{it}) + \beta_4 \ln SC_{it} + \Psi_t + \Upsilon_i + \varepsilon_{it} \quad \text{模型 5-4}$$

模型 5-4 中除去产品质量 Qua_{itf} 这个指标，其他各个变量与上一节所阐述的是基本一致的。Qua_{itf} 表示企业 i 在 t 时间出口到 f 国产品的质量。SC_{it} 代表企业规模大小。Ψ_t 是所有不可观测的时间效应总和，Υ_i 代表可被差分的不随时间变动的一切固定因素。本节将采取面板固定效应模型对这一问题进行阐明。实证检验的结果如表 5-23 所示：

表 5-23　汇率波动对于企业单位出口价格影响回归结果(产品质量)

被解释变量： 企业单位出口价格	(1)	(2)	(3)	(4)
	全部样本		高产品质量	低产品质量
企业层面实际汇率对数值	0.308** (0.123)	0.177** (0.082)	0.243** (0.119)	0.229 (0.311)
产品质量对数值	0.109** (0.051)	0.067* (0.041)	0.088** (0.044)	0.083** (0.041)
企业规模对数值	—	0.024** (0.015)	0.033** (0.016)	0.017** (0.004)
进口国加权 GDP		0.016* (0.010)	0.014 (0.028)	0.015 (0.035)
年份固定效应	YES	YES	YES	YES
行业固定效应	YES	YES	YES	YES

注：括号里的数值为稳健误。表中 * 代表在 10% 水平上显著，** 代表在 5% 的水平上显著，*** 代表在 1% 的水平上显著。本研究使用全体企业全要素生产率的平均值作为标准，区分高生产率组和低生产率组。

表 5-23 汇报了以企业产品质量作为异质性来源的情况下，人民币汇率波动对于单个企业单位出口价格的影响。实证结果显示，当在第(1)列中仅添加了企业层面实际有效汇率和企业产品质量这两个关键变量时，可以看到企业层面有效汇率对于全样本具有显著的正向效应；而产品质量指标也与全要素生产率指标相类似，对全样本的估计系数为正。当添加进口国加权 GDP 和企业规模这两个变量时，关键变量的回归结果依旧显著。现在来看根据产品质量分组的情况。对比第(3)列和第(4)列，在高质量产品组，产品质量指标回归系数显著为正，而在低质量产品组则不显著。这便验证了以产品质量作为企业异质性来源的指标，也可以得到与生产率指标相类似的实证结果。

表 5-24　汇率波动对于企业出口交货值的影响回归结果(产品质量)

被解释变量： 企业出口交货值	(1)	(2)	(3)	(4)
	全部样本		高产品质量	低产品质量
企业层面实际汇率对数值	0.088** (0.036)	0.056** (0.028)	0.046 (0.052)	0.077*** (0.010)
产品质量对数值	0.122* (0.077)	0.104* (0.064)	0.125* (0.073)	0.048* (0.031)

续表

被解释变量： 企业出口交货值	(1)	(2)	(3)	(4)
	全部样本		高产品质量	低产品质量
企业规模对数值	—	0.014* (0.008)	0.015** (0.007)	0.022 (0.098)
进口国加权GDP		0.023 (0.132)	0.041 (0.128)	0.007 (0.129)
年份固定效应	YES	YES	YES	YES
行业固定效应	YES	YES	YES	YES

注：括号里的数值为稳健误。表中 * 代表在10%水平上显著，** 代表在5%的水平上显著，*** 代表在1%的水平上显著。本研究使用全体企业产品质量水平的平均值作为标准，区分高产品质量组和低产品质量组。

类似的，我们考虑以企业出口交货值作为被解释变量的情况。表5-24汇报了以企业产品质量作为异质性来源的情况下，人民币汇率波动对于企业出口交货值的影响。实证结果显示，当在第(1)列中仅添加了企业层面实际有效汇率和企业产品质量这两个关键变量时，可以看到企业层面有效汇率对于全样本以及分产品质量的子样本都具有显著的正向效应。而产品质量指标也与全要素生产率指标相类似，对全样本的估计系数为正。在第(2)列中添加了进口国加权GDP和企业规模这两个指标后，发现关键变量的符号不变。进口国加权GDP越大，企业规模越大，则企业出口交货值越大。但企业规模在低产品质量组的统计学意义上并不显著。在第(3)列和第(4)列中区分了高产品质量组和低产品质量组后，发现汇率指标虽然都为正，但低产品质量组的估计值在5%的水平上显著，而高产品质量组的估计值则不显著。

故此，本节运用产品质量指标作为企业异质性的来源，实证分析汇率波动对于企业出口行为的影响，得到了如下结论：当企业出口的产品质量较高时，在面对贬值会选择增加单位出口价格，而产品质量较低的企业则选择增加出口交货值。由于产品质量的差异，企业面对汇率波动有不同的行为决策。汇率的价格传导对于高产品质量的出口企业是不完全的。

六、本章小结

首先，本章阐述了本研究所需数据的来源、处理的方法以及实证的关键变量:全要素生产率和企业层面实际汇率的度量方法。具体地说,我们剔除了工业企业数据库和海关数据库中质量欠佳的样本,并通过企业生产数据和产品贸易数据的精确匹配,得到了本章实证工作所需要的公司层面财务指标及产品层面出口指标,损失的样本量在同类文献中属于偏少的。在考虑衡量企业生产效率的指标时,笔者选择了目前主流文献所推崇的全要素生产率作为指标,这是因为全要素生产率指标衡量的是企业产出生产率超过要素生产率的部分,故而能够更好地呈现企业因技术、组织创新、专业化和生产创新所带来的进步。之后本研究通过 Levinsohn 和 Petrin(2003)的方法,以中间投入作为不可观测生产率冲击的代理变量,克服了最小二乘法可能存在的联立性偏误。在汇率指标的构建方面,本章则在解释了名义汇率、实际汇率、实际有效汇率的区别及各自的测算方式之后,创造性地引入了更为微观的企业层面的实际有效汇率。这样做的目的是为了避免国家或者行业层面的贸易加权汇率会掩盖微观公司层面的具体特征,因此能够更好地观察单个企业在汇率变动时的反应情况。

其次,本章通过运用 2000—2006 年匹配后的企业层面及产品层面的面板数据,分析了样本中的中国出口企业在面对外生的人民币汇率冲击时,所采取的不同行为决策。问题的阐述包括以下几个方面:首先,从总体上来看,汇率波动对于全样本出口企业的单位出口价格、出口交货值这两个指标是否影响显著?其次,分高生产率企业和低生产率企业来看,这两者在面对汇率冲击时是否具有异质性的反应、人民币汇率的传导是否完全?再次,当分销成本存在时,是否会对企业出口行为产生影响?而当汇率的影响是非线性时,汇率的不同水平会对结果产生什么影响?由于加工贸易方式具有其特殊性,当讨论加工贸易时,是否和基准结果不一致?

再次,当将出口额作为被解释变量时,汇率变动与企业生产率变动对于被解释变量是否还有显著的影响?

为了回答上述问题,本章使用固定效应模型作为基准回归模型,并用随机效应模型作为参照。模型的估计结果表明:

首先,汇率波动对于全样本企业的单位出口价格、出口交货值的影响都是显著的,但细分高生产率组和低生产率组,则得到截然相反的结果;高生产率的企业在面对人民币汇率贬值(升值)时,会更倾向于增加(减少)产品的单位出口价格;低生产率的企业在面对人民币汇率贬值(升值)时,则会更倾向于增加(减少)产品的出口交货值。换句话说,人民币汇率在高生产率企业的价格传导是不完全的,不同生产率水平的企业面对汇率变动的最优策略是相异的。

其次,分销成本的存在会影响消费者价格的汇率传导程度。当分销成本增加时,企业因汇率而调整单位出口价格的弹性就会增加,调整出口交货值的弹性则会减少。如果将实际有效汇率也分为高汇率组和低汇率组,那么会发现,汇率越高(本国货币贬值程度越高)则企业单位出口价格的汇率弹性越高、企业交货值的汇率弹性越低。至此命题1和命题2的全部结论都得到了微观数据的支持。

由于加工贸易在中国对外贸易活动中大量存在,而加工贸易的生产方式又有其特殊性,所以本章将加工贸易与一般贸易区分开来进行讨论。加工贸易厂商与外资厂商之间往往存在着千丝万缕的联系:外资母公司具备充分的话语权,因此关于价格的确定和调整,加工企业没有权利作出太多变更,反映在实证结果当中,就是汇率波动对于加工贸易企业单位出口价格的影响并不显著。对于来料加工企业来说,汇率的波动仅仅对厂商的加工费产生了一定的风险。因此,在加工出口这种特殊的生产贸易模式之下,汇率波动对于企业的单位出口价格的影响并不显著。

根据第四章的理论模型可知,单个企业出口额对于汇率的弹性是由单位出口价格对于汇率的弹性和出口数量对于汇率的弹性加总而得的。然而,单位出口价格的汇率弹性是随生产率上升而上升的,而后者的汇率弹性是随生产率上升而下降的。当笔者将单个企业出口额作为被解释变量,发现汇率波动对于出口额的影响是负向且不显著的。

当采用双边实际有效汇率指标代替企业层面实际有效汇率指标,用全员劳动生产率指标代替全要素生产率指标时,个别估计系数符号与基准结果相反,但总体上保持了一致。关键变量的系数显著性与基准回归结果相一致。另外,进口国的加权GDP水平、人均资本量、企业的规模、成立年数等其他回归当中的变量对于单位出口价格及出口交货值这两个被解释变量的影响,与预期是相一致的。

在最后一节中,本章验证了区别企业异质性的另一个指标——产品质量在回归模型中的作用。与之前类似,本章将企业样本分为高产品质量组和低产品质量组,并观察汇率波动对于不同产品质量的企业出口决策有什么影响。检验结果显示,当企业出口的产品质量较高时,在面对贬值会选择增加单位出口价格,而产品质量较低的企业则选择增加出口交货值。由于产品质量的差异,企业面对汇率波动有不同的行为决策。汇率的价格传导对于高产品质量的出口企业是不完全的。

第六章 异质性企业进入退出、产品种类与总出口实证分析

上一章运用了2000—2006年匹配后的高度细化企业层面和产品层面的数据,结合适当的实证模型对理论模型中命题1和命题2的结论进行了详细的验证。实证结果显示:(1)实际汇率的波动会对微观企业的出口行为产生影响,但对于不同出口表现的企业影响是不同的。(2)当本国货币发生贬值时,高生产率的企业会增加单位出口价格,低生产率的企业则对此并不敏感;当本国货币发生贬值时,低生产率的企业会增加出口交货值,高生产率企业的出口交货值受到的影响则并不显著。这说明汇率对于高生产率企业的价格传导是不完全的。(3)进口市场的分销成本越高,则企业的单位出口价格对于汇率的弹性越大,企业的出口交货量对于汇率的弹性越小。分销成本增加相当于是生产率带来的正向冲击。(4)如果考虑汇率传导效应的非线性,将汇率分为高水平组和低水平组,则发现高水平组的汇率下,企业的单位出口价格的弹性会增加。(5)无论是高生产率组还是低生产率组,单个企业的出口额对于汇率的波动的系数为负且不显著。此外,上一章还讨论了中国对外贸易的特殊情况,即加工贸易的存在,并分析得出加工贸易因其自身的特性,其单位出口价格受到汇率波动的影响并不显著,但出口交货值会受到汇率波动的影响,因此汇率对于加工贸易出口的传导是完全的。当运用双边汇率、全员劳动生产率来替换原有的指标时,结果依旧是稳健的。

这一章将考虑问题的另一个方向:实际有效汇率波动对于企业的进入退出决策以及产品多元化决策的影响。从理论模型中可以得出,汇率贬值相当于是生产率的正向冲击,企业的出口临界生产率下降,于是有更多企业有机会参与出口市场进行竞争;此外,命题3的结论显示,当汇率贬值时,企业会增加出口产品种类数目。事实上,上述两方面代表了出口的企业间出口边际和企业内出口边际。

笔者在绪论中提出,中国对外出口总额与人民币汇率之间存在一种"弱相

关"。具体表现为近年来在人民币大幅升值的情况下，中国对外出口仍旧保持一种相对稳定的增长态势。笔者认为这种现象源自微观层面企业行为的干预。上一章的实证分析验证了汇率波动对于单个企业出口行为的不同影响。但对于加总层面出口与汇率之间的关系，不能由理论模型直接推导得出，因此本章将实证分析加总层面上汇率波动对于总出口的影响。

根据理论模型的结果，在加总层面上汇率的波动既会影响出口的集约边际，又会影响到出口的扩展边际，而具体的影响又会因企业的生产效率不同而产生差异化的结果。本章将区分这两种出口边际并探讨汇率对于出口二元边际——集约边际和扩展边际的不同影响。

具体而言，本章第一节将汇报汇率波动对于出口企业进入退出决策的影响，第二节将解释汇率波动对于企业多元化产品决策的影响，第三节探讨行业层面出口与二元边际的关系，最后是本章小结。

一、人民币汇率波动与异质性企业进入退出

本节将沿用上一章的 2000—2006 年匹配后的高度细化企业层面及产品层面的面板数据，分析异质性企业在遭遇到外生汇率冲击时进入、退出市场的行为决策。具体而言，本节不仅将探讨汇率对于企业进入新市场的决策，还会讨论企业继续存在于市场上的决策。本节将在分析中沿用综合了时间序列和截面优势的面板数据，并且控制行业固定效应和时间固定效应的影响。再者，由于出口行为是一个离散的二值选择变量，本节将采用 Probit 和 Logit 模型用最大似然法进行系数估计。其中，Probit 模型是基于样本的正态分布，而 Logit 模型则是基于"逻辑分布"，本节在分析中将以 Probit 模型为基准，Logit 模型为参照。两者对于同一回归系数的方向是一致的。

（一）出口与内销企业的一般描述

在第四章的理论模型当中，企业进行出口决策的依据是自身能否垫付出口所需的一系列固定费用。由于生产率较高的企业往往能够获得更高的预期利润，所以能够支付这笔固定费用进而进入出口市场。在整个市场上，只有生产率水平高于"临界生产率"的企业才会选择出口。本国货币的贬值会降低"临界生产率"，使得原本并不够资格的企业进入海外市场。在这段分析当中隐含了一个假设：出口企业的平均生产率水平是高于内销企业的。

理论界一般认为 Melitz(2003)关于出口和内销企业的分析是符合现实的,例如唐宜红和林发勤(2009)。但也有部分学者认为这并不符合中国的情况。以李春顶和尹翔硕(2009)为代表的"生产率悖论"派认为,在中国生产率较高的企业会选择内销,而生产率较低的企业会选择出口。支持这个观点的文献包括李春顶(2009a;2009b)、李春顶等(2010)、Dan Lu(2010),安虎森等(2013)。一些文献对此现象作出了解释,例如戴觅和余淼杰(2011a;2011b)、汤二子和刘海洋(2011)认为是加工贸易的大量存在使得中国对外出口企业生产率低于内销企业生产率。戴翔(2013)在实证研究中支持了这个观点。李春顶等(2010)的文献虽然为解释中国出口的特殊状况提供了一个假说,但其所使用的是近似全要素生产率的指标。本研究使用全要素生产率指标去进行测算时,发现"生产率悖论"并没有出现。

图 6-1 描述了 2000—2006 年出口企业与内销企业全要素生产率的变动情况。从图 6-1 中可以看到:(1)与部分文献的估算相同,出口企业的全要素生产率要高于内销企业。中国出口企业的全要素生产率走势与非出口企业的走势大体相同,这可能由于这两类企业受到了共同的宏观经济冲击的影响。特别是,在 2003 年这两类企业的全要素生产率都有急速下降的趋势,对此一个可能的解释是 2003 年爆发的 SARS 危机以及高通胀水平影响了企业的全要素生产率水平;(2)出口企业与内销企业的全要素生产率有一定的趋同趋势。

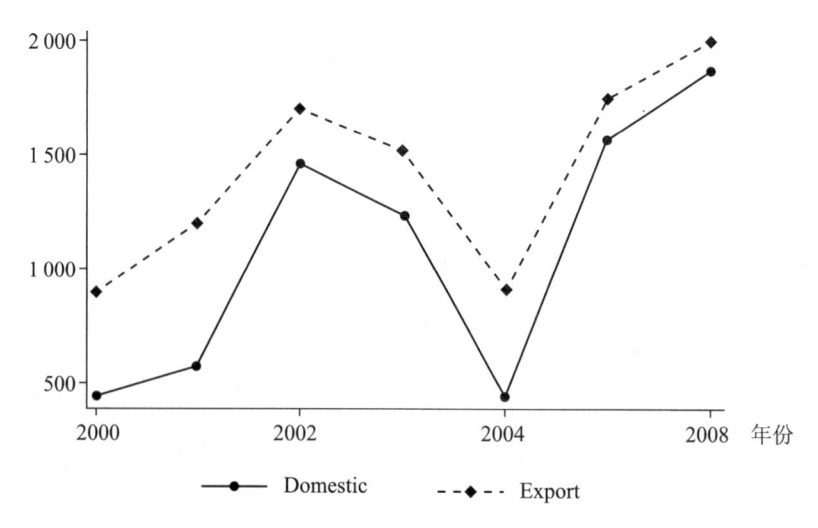

图 6-1　出口企业与内销企业的全要素生产率(LP)水平

为了探讨汇率波动对于扩展边际上企业进入退出的影响,本章先统计出口企业与内销企业各自所占比重。表 6-1 介绍了出口企业与内销企业在全部样本中所占的份额。从平均意义上讲,2000—2006 年,每年选择出口的企业大约占比为 29.31%,内销企业的占比远高于出口企业。进一步,笔者将出口企业分为新出口企业和已出口企业。在后面的分析中,笔者将用 $x(t-1)=0$ 来标识新出口的企业,而用 $x(t-1)=1$ 来标识已经存在于出口市场的企业。

表 6-1 出口企业与内销企业份额

变　　量	年均水平(2000—2006)
出口企业份额	31.96%
新出口企业份额	29.62%
已出口企业份额	9.97%
内销企业份额	61.73%
观测数	100 092

注:出口企业份额是出口企业在全体企业中的比重,新出口企业是在 t 期首次出现而 $t-1$ 期未出现的企业,已出口企业是指在 $t-1$ 就出现的企业,内销企业是指 t 期未出现的企业。

(二) 变量的说明

本节采用的数据是 2000 年至 2006 年的面板数据,关键变量仍旧是出口交货值。但与之前不同,我们用出口交货值是否为 0 来定义出口与否。也就是说,如果 t 期企业出口交货值为零,则认为该时期企业未进入出口市场。如果企业出口交货值不为零,则认为企业在出口市场进行销售竞争。出口交货值在这里是一个二值选择的 0—1 变量。

为了研究人民币汇率波动对于中国异质性出口企业外销、内销决策的影响,首先要确定需要纳入的指标(如表 6-2 所示)。其中,被解释变量是企业是否选择出口的 0—1 变量,企业层面实际有效汇率是以人民币表示的外币价格,指标上升说明本币贬值。为了实现更好的观察,笔者将被解释变量分为三组,第一组是所有目前存在于出口市场从事外销的企业;第二组(扩展边际)是 $t-1$ 期未进入市场而 t 期新进入的企业;第三组(集约边际)是 $t-1$ 期已经进入市场,t 期延续外销行为的企业。在这里,笔者不仅将讨论汇率对于企业进入市场的影响,还将讨论汇率对于企业继续存在于市场的影响。

表 6-2　变量名称及涵义

变量	代码	涵义	预期符号
被解释变量	$EX_{it}: x(t-1)=0$ & $x(t-1)=1$	所有现存出口市场的企业	
	$EX_{it}: x(t-1)=0$	本期新进入市场的企业	
	$EX_{it}: x(t-1)=1$	本期延续上期的企业	
解释变量	RER_{it}	企业层面有效汇率	+
	TFP_{it}	当期企业全要素生产率	+
	TFP_{t-1}^{i}	上一期企业全要素生产率	+
	SC_{it}	企业规模	+
	OP_{it}	销售费用	+
虚拟变量	SOE_{it}	是否为国有企业	−
	FE_{it}	是否为外资企业	+

表 6-2 提供了变量系数预期的符号：首先，对于企业层面有效汇率，预期符号为正。第四章我们通过理论模型已经知道，企业出口行为基于一个所谓的出口临界生产率 φ^*，当 $\varphi > \varphi^*$ 时，企业才会选择出口，否则会选择内销。当本国货币发生贬值时，相当于提供了一个正向的生产率冲击，使得原本不能进入出口市场的企业得以进入。因此实际汇率对于离散的出口交货值具有正向的影响。笔者采取企业层面的实际有效汇率，正是为了更细致的去衡量企业层面的行为决策。当然，在后面的稳健性检验中，会加入更宏观的国与国之间的双边实际有效汇率作为稳健性检验的指标。

其次，我们的另一个重要变量，当期全要素生产率的预期符号也为正，这个想法是基于 Melitz(2003)异质性企业理论的基本结论：生产率越高，则企业越倾向于出口。生产率越低，则企业越倾向于内销。总的来说，从事外销的企业生产率是高于从事内销的；企业规模是根据从业人员数来进行划分的，预期符号为正。我们认为规模越大的企业，越有可能从事出口活动；销售费用常常被作为固定费用的代理变量，因此预期符号为正；企业年数的预期符号为正。因为企业成立时间越久，则越有可能熟悉产品和市场、进入海外进行竞争；我们设立两个虚拟变量，一个是国有企业虚拟变量，预期符号为负；一个是外资企业虚拟变量，预期符号为负。

(三) 计量模型的构建

为了说明人民币汇率波动对于企业出口决策的影响，根据公式 4-16，我们构建如下的计量回归模型：

$$EX_{it} = \beta_1 \ln(RXR_{it}) + \beta_2 \ln(TFP_{it}) + \beta_3 \ln(TFP_{t-1}^i)$$
$$+ \beta_5 \ln X_{it} + \beta_6 SOE_i + \beta_7 FE_i + \Psi_t + \Upsilon_i + \varepsilon_{it} \quad \text{模型 6-1}$$

与之前的相似，其中 i 代表企业，t 代表样本所处的时间变动维度，这里采用的样本是由 2000—2006 年。X_{it} 表示企业层面的影响出口决策的指标，包括企业规模、企业年数和销售费用。SOE_i 是国有企业虚拟变量，若为国有企业，则变量为 1，否则为 0；FE_i 是外资企业虚拟变量，若为外资企业，则变量为 1，否则为 0。Ψ_t 是所有不可观测的时间效应，Υ_i 代表可被差分的不随时间变动的一切因素，ε_{it} 为扰动项。

(四) 模型结果分析

以 0—1 变量出口交货值为本节的被解释变量，运用 Probit 模型和 Logit 模型，可以得到的基准回归结果如表 6-3 所示：

表 6-3　人民币汇率对企业进入退出的影响基准回归结果

被解释变量	Probit			Logit		
	Both	$x(t-1)=0$	$x(t-1)=1$	Both	$x(t-1)=0$	$x(t-1)=1$
	(1)	(2)	(3)	(4)	(5)	(6)
企业层面实际有效汇率对数值	0.675** (0.327)	1.033** (0.491)	1.116* (0.616)	0.414** (0.203)	1.279** (0.581)	1.342** (0.639)
全要素生产率对数值	0.467*** (0.131)	0.242*** (0.052)	0.742*** (0.285)	0.246*** (0.082)	0.245*** (0.061)	0.026*** (0.007)
滞后期全要素生产率对数值	0.275*** (0.091)	0.252*** (0.068)	0.425*** (0.132)	0.124*** (0.026)	0.173*** (0.023)	0.126*** (0.036)
企业规模	0.012** (0.005)	0.015** (0.007)	0.015** (0.006)	0.042* (0.026)	0.034 (0.051)	0.098* (0.064)
经营费用	0.134* (0.083)	0.246* (0.156)	0.342* (0.215)	0.245* (0.159)	0.425* (0.264)	0.943* (0.554)
国有企业虚拟变量	1.763 (2.241)	1.435 (2.345)	0.782* (0.458)	1.374 (2.124)	0.235* (0.138)	0.799* (0.472)

续表

被解释变量	Probit			Logit		
	Both	$x(t-1)=0$	$x(t-1)=1$	Both	$x(t-1)=0$	$x(t-1)=1$
	(1)	(2)	(3)	(4)	(5)	(6)
外资企业虚拟变量	−1.274 (1.284)	−1.243* (0.773)	−1.513 (1.615)	−1.601 (1.794)	−1.287* (2.103)	1.291 (2.349)
行业固定效应	YES	YES	YES	YES	YES	YES
时间固定效应	YES	YES	YES	YES	YES	YES
变量边际效应						
企业层面实际有效汇率	0.204** (0.011)	0.198** (0.031)	0.233* (0.144)	0.311** (0.151)	0.241** (0.121)	0.255** (0.122)
全要素生产率对数值	0.043*** (0.013)	0.312*** (0.041)	0.199*** (0.032)	0.241*** (0.044)	0.315*** (0.031)	0.268*** (0.074)

注：括号里的数值为稳健误。表中 * 代表在 10% 水平上显著，** 代表在 5% 的水平上显著，*** 代表在 1% 的水平上显著。

根据表 6-3 的回归结果，可知第（2）列和第（5）列是基于 Probit 模型和 Logit 模型估计的、汇率波动对于异质性企业进入新市场的决策影响。在第 1 行的估计结果中通过两种方法估计出的系数符号皆为正，可以得知企业在面临本国货币贬值时（即有效汇率上升），会选择从事外销活动。由于 Probit 模型和 Logit 模型不能直接进行参数估计值的比较，因此需要通过变量的边际作出对比。根据表 6-3 最后两行估计的边际效应，可以看到，企业层面实际有效汇率每上升一个单位，Logit 模型所估计的结果比 Probit 模型估计的结果略高，但两者都具有显著性；全要素生产率对于因变量的估计参数符号为正，说明生产率越高，企业越倾向于选择出口，这也与异质性企业理论的"自我选择效应"相一致。

接着分析转向第（3）列和第（6）列，也就是已经存在于市场的企业关于是否延续在市场上销售的决策行为。可以看到，当人民币汇率贬值时，以及存在于市场上的企业会继续选择从事外销行为。而对比系数可以看到，每提升 1 单位的汇率（本国货币每贬值 1 单位），企业对于延续外销行为的概率要大于新企业进入市场的概率。这两组企业行为对于汇率波动都在 5% 的水平上显著为正。

本节在上述的回归结果当中控制了行业的固定效应，下面将估计不同行业对于出口扩展边际的汇率弹性。以制造业的 Probit 模型估计结果为例，分析行业固定效应对于企业进入新市场[也就是 $x(t-1)=0$]的决策影响。根据表6-4的行业固定效应,可以发现并不是所有行业在面临本国汇率贬值时都会选择出口。符号为正的行业主要包括:纺织服装业、家具制造业、金属制品业、食品制造业、饮料制造业、皮革、毛皮、羽毛(绒)及其制品业、橡胶制造业、塑料制造业。这些大多为传统具有优势的行业。符号为负的行业包括:烟草制造业、印刷业、文教体育用品业、石油工业、医药制造业、非金属制品业。这些行业比起前者来说开放程度较低。还有一些行业,包括有色金属冶炼加工业和化学纤维制造业,汇率波动对它们的影响是不显著的。

表6-4 行业固定效应实证结果

代码	行业名称	行业固定效应	代码	行业名称	行业固定效应
13	农副食品加工业	0.351***	28	化学纤维制造业	0.356
14	食品制造业	0.243***	29	橡胶制品业	0.062***
15	饮料制造业	0.233***	30	塑料制品业	0.209***
16	烟草制品业	−0.353***	31	非金属矿物制品业	−0.204***
17	纺织业	0.354***	32	黑色金属冶炼及压延加工业	0.203***
18	纺织服装、鞋、帽制造业	0.142***	33	有色金属冶炼及压延加工业	0.233
19	皮革、毛皮、羽毛(绒)及其制品业	0.231***	34	金属制品业	0.432***
20	木材加工及木、竹、藤、棕、草制品业	0.342***	35	通用设备制造业	0.143***
21	家具制造业	0.124***	36	专用设备制造业	0.365***
22	造纸及纸制品业	0.245***	37	交通运输设备制造业	0.376***
23	印刷业和记录媒介的复制	−0.321***	39	电气机械及器材制造业	0.245***
24	文教体育用品制造业	−0.432***	40	通信设备、计算机及其他电子设备制造业	0.156***
25	石油加工、炼焦及核燃料加工业	−0.412***	41	仪器仪表及文化、办公用机械制造业	0.323***
26	化学原料及化学制品制造业	0.266***	42	工艺品及其他制造业	0.234**
27	医药制造业	−0.011***	43	废弃资源和废旧材料回收加工业	0.132***

注:表中 * 代表在10%水平上显著,** 代表在5%的水平上显著,*** 代表在1%的水平上显著。

与上一章类似，接下来本章将探讨加工贸易出口企业的问题。上一章的实证结果显示出，加工贸易企业出口的单位价值对于汇率的变动并不敏感。这可能是基于加工贸易"大进大出""两头在外"的生产模式所决定的。加工贸易企业与上游企业之间的密切联系决定了其生产销售行为是异于一般贸易企业的。当人民币汇率贬值时，加工贸易企业因与上游企业签订了较长时期的合同，在合同期内无法随意变更产品的单位价值，所以这类企业对于人民币汇率变动是不敏感的。那么当汇率发生波动时，加工出口企业的进入退出行为是否会显著受到影响，这是本节要回答的问题。表6-5展示了加工贸易方式和非加工贸易方式两类企业因汇率波动而导致出口决策变动的实证结果。回归分析同样采用Probit和Logit两种模型来估计汇率波动对于企业进入新市场的决策影响，并以Probit模型为基础来阐述、Logit模型为参照组。

表6-5 加工出口企业对于企业进入退出的影响

被解释变量：企业出口交货值（二值变量）	(1) Probit 加工贸易企业	(2) Probit 非加工贸易企业	(3) Logit 加工贸易企业	(4) Logit 非加工贸易企业
企业层面实际有效汇率对数值	0.312** (0.145)	0.567* (0.332)	0.376** (0.179)	0.867* (0.547)
全要素生产率对数值	0.054** (0.023)	0.062** (0.031)	0.533** (0.263)	0.245** (0.122)
滞后期企业全要素生产率对数值	0.276* (0.131)	0.564*** (0.115)	0.674* (0.127)	0.747*** (0.103)
经营费用对数值	0.154 (1.284)	0.756 (1.822)	0.573 (1.580)	0.325 (1.920)
企业规模对数值	−0.354 (1.472)	0.323* (1.423)	−1.314 (1.142)	0.309* (0.185)
行业固定效应	YES	YES	YES	YES
年份固定效应	YES	YES	YES	YES
变量边际效应				
企业层面实际有效汇率对数值	0.146** (0.073)	0.076* (0.047)	0.179** (0.089)	0.033* (0.021)
全要素生产率对数值	0.389** (0.195)	0.367** (0.187)	0.416** (0.208)	0.471** (0.235)

注：括号里的数值为稳健误。表中 * 代表在10%水平上显著，** 代表在5%的水平上显著，*** 代表在1%的水平上显著。

在表 6-5 中,(1)、(2) 两列是 Probit 模型估计的结果,(3)、(4) 两列是 Logit 模型估计的结果。可以看到加工贸易企业在本国汇率发生贬值时会选择出口,估计系数也在 5% 的水平上显著。非加工贸易企业面对贬值时,也会进入出口市场竞争,估计系数在 10% 的水平上显著。这说明两类企业在进入退出决策对于汇率波动都是敏感的。从变量的边际效应来看,加工出口企业比非加工出口企业的估计系数要高,这说明加工出口企业的进入退出的决策会因为汇率波动而更加敏感。换句话说,汇率发生贬值时,将有更多的加工贸易企业进入海外市场。

(五) 稳健性检验

本节在实证分析中构建了离散的 Probit 模型和 Logit 模型,并且运用 2000—2006 年匹配后的微观层面企业数据和产品数据进行了分析讨论,结果说明在企业进入退出的决策上,当本国货币发生贬值时,原本未进入出口市场的企业得以进入,汇率相当于是一个正向的生产率冲击。接下来,本节将进行稳健性检验的工作:首先,在回归当中替换模型中的关键变量——企业层面实际有效汇率和全要素生产率。本节参照之前的方法,用双边实际有效汇率替代企业层面实际有效汇率,用全员劳动生产率替代全要素生产率。其次,由于中国对外贸易存在大量"纯出口企业"[①],这些企业生产的商品全部销往海外,而不在国内市场销售。这些企业的存在或许会干扰变量的有效性,因此需要剔除这部分企业来进行观察。

表 6-6 展示了双边有效汇率对于企业进入退出决策的稳健性检验结果。可以看到,在出口的扩展边际上,双边有效汇率的上升(本国货币贬值)会导致内销企业进入出口市场,并且结果在 10% 的水平上是显著的。因汇率波动而产生,在 $t-1$ 期已经存在于出口市场的企业的影响也是显著的,这说明汇率对于企业延续外销行为也是有正向的影响。当这两种决策的汇率效应加总在一起,结果同样是显著的。可以说汇率波动对于单个企业决定进入市场、继续存在于市场都是有着正向影响的。但是,与基准回归结果相比,回归中全要素生产率系数的显著性有所下降,这可能是由于采取了更加宏观的双边实际汇率变量,未能很好地捕捉微观企业的异质性效应。回归方程中的其他变量,包

[①] 戴觅和余淼杰(2011a)统计了中国工业企业数据库中从 2000—2007 年的数据,认为"纯出口企业"在总企业中占据的比例高达 30%。

括企业层面的企业规模、经营费用等指标对于企业进入出口市场、继续存在于出口市场也呈现正向的影响;国有企业虚拟变量为正,而外资企业虚拟变量为负,说明这两种不同的所有制形式对于企业出口决策是相反的影响。

表6-6 人民币汇率对企业进入退出的影响:稳健性检验(双边实际有效汇率)

被解释变量	Probit			Logit		
	Both	$x(t-1)=0$	$x(t-1)=1$	Both	$x(t-1)=0$	$x(t-1)=1$
	(1)	(2)	(3)	(4)	(5)	(6)
双边实际有效汇率	0.459** (0.214)	0.914* (0.519)	1.103** (0.551)	0.238** (0.119)	0.987* (0.612)	1.231** (0.617)
全要素生产率对数值	0.355* (0.228)	0.298* (0.186)	0.376* (0.235)	0.319* (0.197)	0.221* (0.138)	0.191* (0.117)
滞后期全要素生产率对数值	0.259* (0.161)	0.314* (0.196)	0.315* (0.196)	0.309* (0.193)	0.351* (1.211)	0.334* (1.208)
企业规模	0.016** (0.007)	0.023** (0.011)	0.015** (0.006)	0.031* (0.019)	0.038 (0.051)	0.066* (0.042)
经营费用	0.265* (0.162)	0.277* (0.176)	0.312* (0.195)	0.314* (0.196)	0.311* (0.193)	0.352* (0.226)
国有企业虚拟变量	0.033 (0.241)	0.215 (0.345)	0.322* (0.201)	0.632 (1.124)	0.437* (0.271)	0.561* (0.352)
外资企业虚拟变量	−1.014 (1.254)	−1.421* (0.887)	−1.214 (1.465)	−1.377 (1.488)	−1.319* (0.824)	−1.230 (1.344)
行业固定效应	YES	YES	YES	YES	YES	YES
时间固定效应	YES	YES	YES	YES	YES	YES
变量边际效应						
双边实际有效汇率	0.315** (0.025)	0.214* (0.065)	0.377** (0.022)	0.341** (0.175)	0.211* (0.104)	0.364** (0.183)
全要素生产率对数值	0.043* (0.022)	0.312* (0.191)	0.199* (0.124)	0.241* (0.151)	0.315* (0.195)	0.268* (0.124)

注:括号里的数值为稳健误。表中 * 代表在10%水平上显著,** 代表在5%的水平上显著,*** 代表在1%的水平上显著。

表6-7展示了用全员劳动生产率指标来替换全要素生产率指标所作出的稳健性检验结果。从第(2)列和第(5)列可以看到,双边实际汇率上升(本国货币贬值)时,企业会选择进入出口市场,也就是说双边实际汇率对于出口的扩展边际为正向作用。同样,对于已经存在于出口市场的企业和所有企业(新增

企业和已存在企业)来说,汇率波动的影响也是显著为正的。全员劳动生产率的提高有助于企业决定进入出口市场,但是比照基准回归结果,显著性亦是有所下降。其他变量,譬如企业层面的企业规模、经营费用等指标对于被解释变量也呈现正向的影响。国有企业虚拟变量的回归系数为正,而外资企业虚拟变量的回归系数为负,说明这两种不同的所有制形式对于企业出口决策具有相反的影响。

表 6-7 人民币汇率对企业进入退出的影响:稳健性检验(全员劳动生产率)

被解释变量	Probit			Logit		
	Both	$x(t-1)=0$	$x(t-1)=1$	Both	$x(t-1)=0$	$x(t-1)=1$
	(1)	(2)	(3)	(4)	(5)	(6)
双边实际有效汇率	0.243** (0.115)	0.234* (0.146)	0.033** (0.019)	0.244** (0.121)	1.232* (0.711)	1.242** (0.625)
全员劳动生产率对数值	1.067* (0.646)	2.313* (1.443)	1.546** (0.776)	1.265* (0.792)	1.234* (0.771)	1.384** (0.692)
滞后期全员劳动生产率对数值	0.342 (0.597)	0.865 (0.948)	0.562* (0.352)	0.341 (0.356)	0.432 (1.095)	0.912* (0.561)
企业规模	0.083* (0.051)	0.066* (0.041)	0.036* (0.039)	0.016* (0.009)	0.019 (0.091)	0.024* (0.015)
经营费用	1.073 (1.731)	1.423 (1.501)	1.089 (1.342)	1.783* (1.114)	0.415* (0.259)	0.235* (0.146)
国有企业虚拟变量	1.433 (1.452)	1.563 (1.724)	1.345 (2.156)	1.244 (2.189)	0.741* (0.462)	1.423 (1.528)
外资企业虚拟变量	−1.322 (1.472)	−1.453* (0.903)	−2.343 (2.404)	−3.601 (3.742)	−1.287* (0.804)	1.291 (1.349)
行业固定效应	YES	YES	YES	YES	YES	YES
时间固定效应	YES	YES	YES	YES	YES	YES
变量边际效应						
双边实际有效汇率	0.314** (0.157)	0.207* (0.125)	0.315** (0.156)	0.304** (0.156)	0.215* (0.132)	0.327** (0.203)
全员劳动生产率	0.121* (0.072)	0.227* (0.144)	0.238* (0.141)	0.241* (0.153)	0.342* (0.216)	0.319* (0.194)

注:括号里的数值为稳健误。表中 * 代表在10%水平上显著,** 代表在5%的水平上显著,*** 代表在1%的水平上显著。

表6-8展示了在剔除"纯出口企业"样本之后的稳健性检验结果。可以看

到,剔除"纯出口企业"①,并不会对实证结果产生太大影响,这是因为"纯出口企业"是否出口是不会因为汇率这种外生冲击的变化而变化的。如表 6-8 所示,本节依旧采用 Probit 和 Logit 两种模型进行分析,并在分析中控制行业固定效应和时间固定效应。以 Probit 模型为例,可以得出在剔除"纯出口企业"之后,模型的估计结果与基准回归结果的符号方向相一致,系数的显著性也与基准回归相同;滞后期全员劳动生产率对于企业进入出口市场也有显著的正向影响;另外,企业层面的企业规模、经营费用等指标对于被解释变量也呈现正向的影响;国有企业虚拟变量的估计结果为正,而外资企业虚拟变量的估计结果为负,说明这两种不同的所有制形式对于企业出口决策具有完全相反的影响。所有的检验结果与预期以及基准回归结果都是一致的。

表 6-8 人民币汇率对企业进入退出的影响:稳健性检验(剔除"纯出口企业")

被解释变量	Probit			Logit		
	Both	$x(t-1)=0$	$x(t-1)=1$	Both	$x(t-1)=0$	$x(t-1)=1$
	(1)	(2)	(3)	(4)	(5)	(6)
企业层面实际有效汇率对数值	1.232** (0.586)	1.256** (0.597)	1.682** (0.841)	2.367** (1.185)	2.342** (1.115)	1.087** (0.517)
全员生产率对数值	0.278* (0.174)	0.208* (0.162)	0.244** (0.153)	0.181* (0.113)	0.214* (0.133)	0.031** (0.016)
滞后期全员生产率对数值	0.275* (0.175)	0.252* (0.158)	0.425* (0.262)	0.124* (0.077)	0.173* (0.108)	0.126* (0.078)
企业规模	0.012* (0.007)	0.015* (0.009)	0.015* (0.009)	0.042* (0.026)	0.034* (0.021)	0.098* (0.061)
经营费用	0.134* (0.083)	0.246* (0.156)	0.342* (0.213)	0.245* (0.154)	0.425* (0.264)	0.943* (0.589)
国有企业虚拟变量	1.763** (0.381)	1.435** (0.717)	0.782** (2.392)	1.374** (0.683)	0.235** (0.118)	0.799** (0.381)
外资企业虚拟变量	−1.274** (0.641)	−1.243** (0.621)	−1.513** (0.755)	−1.601** (0.801)	−1.287** (0.633)	1.291** (0.561)
行业固定效应	YES	YES	YES	YES	YES	YES

---

① 据统计,根据出口交货值与主营业务收入为基础,删除出口交货值占主营业务收入比重大于等于 99.9%的"纯出口企业",这部分被删除的样本大约在 5%左右。

续表

被解释变量	Probit			Logit		
	Both	$x(t-1)=0$	$x(t-1)=1$	Both	$x(t-1)=0$	$x(t-1)=1$
	(1)	(2)	(3)	(4)	(5)	(6)
时间固定效应	YES	YES	YES	YES	YES	YES
变量边际效应						
企业层面实际有效汇率	0.187** (0.095)	0.103* (0.061)	0.216** (0.109)	0.194** (0.097)	0.101* (0.063)	0.206** (0.102)
全要素生产率对数值	0.112* (0.075)	0.312* (0.192)	0.264* (0.156)	0.235* (0.146)	0.211* (0.131)	0.198* (0.113)

注:括号里的数值为稳健误。表中 * 代表在10%水平上显著,** 代表在5%的水平上显著,*** 代表在1%的水平上显著。

(六) 基本结论

本节运用2000—2006年微观企业数据及产品层面数据分析了人民币汇率对于中国外贸出口企业进入退出的影响。其中,根据企业在 t 年的出口交货值是否为零来区分企业的进入退出市场的行为差异。由于被解释变量是离散的,本节运用Probit模型和Logit模型进行检验,这两个模型的区别仅在于样本分布的不同。根据实证结果可以得出,当人民币汇率发生贬值时,企业会选择进入出口市场,汇率在这里相当于是一个正向的生产率冲击。本节在实证过程中加入对比了 $x(t-1)=1$,即企业是否继续存在于市场的决策。实证结果发现当本国货币贬值时,汇率同样会对企业是否继续存在市场的决策产生正向而显著的影响。当人民币贬值时,已存在于市场的企业会继续从事出口活动,而未进入市场的企业会选择进入。

本节在实证分析中还区分了不同行业、不同贸易方式的子样本进行检验,结果发现行业的固定效应对于企业的进入退出决策影响较大。部分行业在人民币发生贬值时,反倒会减少企业进入的可能性。本节的最后还通过替换汇率、生产率指标以及剔除"纯出口企业"样本的方式,对于这个问题作出了稳健性检验。检验的结果在估计系数的符号与显著性上,与基准回归的结果大致相同。

二、人民币汇率波动与异质性企业产品多元化

上一节实证研究探讨的是出口的企业间扩展边际,是人民币汇率对于企业进入退出的影响。接下来将分析企业内扩展边际,也就是说人民币汇率对于企业产品种类数目决策的影响。本节将从产品层面探讨企业内生自主调整产品种类的决策行为与人民币汇率之间的关系,并据此验证命题3的观点。

(一) 变量的说明

在进行具体的实证分析之前,先观察样本的关键指标——出口种类数目的描述性统计结果。表6-9提供了样本期内各企业出口种类数目的统计。从第一列可见,产品种类数目由仅出口一种产品到出口约600种产品不等。可以看出,2000—2006年,企业出口种类逐年多样化。截至2006年,样本中已有一半以上的企业成为多产品出口企业。

表6-9 2000—2006年企业出口产品种类数目

产品种类数目	2000年	2001年	2002年	2003年	2004年	2005年	2006年
1	20.15%	22.20%	40.14%	45.09%	44.87%	51.64%	58.03%
小于等于5	49.39%	57.24%	68.37%	76.83%	70.57%	86.79%	90.08%
小于等于10	70.76%	80.13%	83.69%	88.74%	83.45%	90.11%	95.76%
小于等于20	90.07%	91.96%	92.75%	94.09%	90.15%	97.61%	99.77%
小于等于600	100%	100%	100%	100%	100%	100%	100%

注:出口种类数目占比按照各年实际样本总量计算。

为了探讨人民币汇率波动对于中国异质性出口企业的多元化产品决策的影响,本节首先要确定需要纳入回归方程中的指标(如表6-10所示)。其中,被解释变量DI_{it}代表i企业在t年出口的产品种类数目,该变量是一个非负整数。根据命题3的结论,本国货币汇率贬值将促使企业增加出口产品多元化,因此预期该指标的系数符号为正。其他指标的涵义与之前相同,在这里不再赘述。

表 6-10 变量名称及涵义

变 量	代码	涵 义	预期符号
被解释变量	DI_{it}	出口产品种类	
解释变量	RXR_{it}	企业层面有效汇率	+
	TFP_{it}	当期企业全要素生产率	+
	TFP_{it-1}^{i}	上一期企业全要素生产率	+
	GDP_{it}	目的国加权 GDP	+
	CAP_{it}	人均固定资产额	−
	SC_{it}	企业规模	+
	OP_{it}	销售费用	+
	NEW_{it}	新产品产值	+
虚拟变量	SOE	是否为国有企业	+
	PT	是否为加工贸易企业	

(二) 计量模型的构建

为了讨论人民币汇率波动对于企业内生决定出口产品种类的影响,构建如下的计量回归模型:

$$\ln(BI_{it}) = \beta_1 \ln(RXR_{it}) + \beta_2 \ln(TFP_{it}) + \beta_3 \ln(TFP_{it-1}^{i}) + \beta_4 \ln(GDP_{it}) \\ + \beta_5 \ln X_{it} + \beta_6 SOE_i + \beta_7 PR_i + \Psi_t + \Upsilon_i + \varepsilon_{it} \quad 模型 6\text{-}2$$

其中 i 代表企业,t 代表样本所处的时间变动维度,即 2000—2006 年;GDP_{it} 是进口国的加权 GDP,是本国贸易伙伴的加权国内生产总值,权重是本国与进口国的出口份额,这个指标代表了该企业的市场份额。X_{it} 表示所有与企业相关的指标,例如企业的人均固定资产额(代表企业的资产密集程度)、经营费用、新产品产值及企业规模。SOE_i、PR_i 是企业所有制的虚拟变量,代表样本是否是国有企业、加工贸易企业,如果是则取 1,不是则取 0。Ψ_t 代表的是时间固定效应,也即所有包含在内的不可观测的时间效应。Υ_i 代表的是行业固定效应。ε_{it} 是随机扰动项,代表一切没有包含在模型中的其他因素。

(三) 模型结果分析

实证分析的结果如表 6-11 所示。由于被解释变量企业出口产品种类是一个非负整数，因此采用最小二乘法回归会产生估计上的偏误，因此本节将采取固定效应以及两种计数模型：泊松分布和负二项分布来进行实证检验。泊松分布有因变量的均值与期望值都相同的假设，负二项分布则放松了这个假设。

第(1)列在回归当中只添加了两个最关键的变量：企业层面实际有效汇率和全要素生产率。可以看到，企业层面实际有效汇率的增加（本国货币汇率贬值）会导致企业增加出口产品种类；全要素生产率越高则企业出口产品的种类数目越多。这两个变量的回归系数都在5%的水平上显著。从第(1)列到第(3)列，回归方程逐渐添加了目的国加权GDP、企业人均固定资产额以及其他企业层面的变量，但发现企业层面实际有效汇率指标对于企业出口产品种类影响的显著性有所下降，而全要素生产率指标的回归结果则变得不再显著。这说明固定效应模型在回归分析中可能是有偏的。第(4)列和第(5)列是泊松回归与负二项回归的结果，考虑到被解释变量不符合泊松分布关于期望均值和方差相等的要求，因此用负二项回归作为基准结果，泊松分布作为参照。可以看到，在泊松分布和负二项分布中，企业层面实际有效汇率、全要素生产率这两个指标系数都为正，并且在5%、1%的水平上显著。这个结论验证了命题3的观点。具体来说，当企业层面实际有效汇率上升（本币贬值）时，企业会增加出口的多元化产品；当企业的全要素生产率越高时，企业同样会增加出口的产品种类数目。

再观察加入回归式的其他变量。首先，滞后一期的全要素生产率对于企业出口产品多元化也呈现正向的影响，说明前一期的生产率水平会对当期的企业决策产生一定的影响。企业在当期做决策时，会参考上一期的生产效率带来的影响（例如利润率）；其次，目的国加权GDP值对于企业出口产品种类也有正向的影响，也就说本国的市场规模在进口国越大，则企业越偏好增加产品种类；企业的资本密集度，即人均固定资产额对于多元化产品决策是负向的影响；企业层面的其他变量，经营费用、企业规模及新产品产值的系数符号都为正，但新产品产值在这里对于被解释变量的影响并不显著；国有企业虚拟变量的系数为正，而加工贸易企业虚拟变量的系数为负，说明这两者类型的企业对于企业出口产品种类会产生截然相反的影响。

表 6-11 人民币汇率波动影响企业出口产品种类基准回归结果

被解释变量： 企业出口产品种类	固定效应			泊松分布	负二项分布
	(1)	(2)	(3)	(4)	(5)
企业层面实际有效汇率对数值	0.551** (0.261)	0.236* (0.138)	0.413 (1.819)	0.190** (0.095)	0.147*** (0.036)
全要素生产率对数值	0.209** (0.105)	0.121 (3.821)	0.171* (0.106)	0.241*** (0.090)	0.371*** (0.125)
滞后一期全要素生产率对数值	—	0.267* (0.167)	0.371 (1.056)	0.245** (0.155)	0.064** (0.035)
目的国加权GDP对数值	—	0.043** (0.021)	0.312* (0.199)	0.219** (0.103)	0.267 (0.167)
人均固定资产额对数值	—	−0.023* (0.014)	−0.042* (0.029)	−0.016* (0.011)	−0.019* (0.012)
经营费用对数值	—	0.429 (0.491)	0.521* (0.301)	0.341* (0.213)	0.223 (0.319)
企业规模对数值	—	0.702* (0.439)	0.461 (2.181)	0.034* (0.021)	0.042 (2.456)
新产品产值对数值	—	0.002 (0.010)	0.003 (0.020)	0.019 (0.079)	0.022 (0.089)
国有企业虚拟变量	—	0.672** (0.332)	0.792 (0.812)	0.814** (0.417)	0.691* (0.431)
加工出口企业虚拟变量	—	−0.149** (0.097)	−0.067 (0.041)	−0.068** (0.042)	−0.089* (0.056)
行业固定效应	YES	YES	NO	YES	YES
年份固定效应	YES	YES	NO	YES	YES
R-Square	0.183	0.203	0.188	0.272	0.245
N	89 100	88 671	88 671	82 079	82 079

注：括号里的数值为稳健误。表中 * 代表在10%水平上显著，** 代表在5%的水平上显著，*** 代表在1%的水平上显著。

接下来的分析将考虑行业环境对于企业出口产品种类的影响。根据之前的假说：如果是处于理想的行业环境中，企业有可能充分发挥其生产效率，此时企业的多元化决策完全由其全要素生产率所决定。但如果企业所处的行业环境存在着扭曲的资源配置或者其他来自生产方面的障碍，则生产率对于企业出口产品的作用便不能完全发挥。在中国的外贸活动中，企业的新产品加入会受到行政垄断的控制，这导致在一些垄断行业当中企业自身的生产效率不能成为影响企业多元化产品决策的唯一考量；另一个原因可能是新技术进入门槛较高,而高科技技术稀缺导致了垄断的存在。正是行业自由进入程度不足,导致了中小企业只能日复一日从事相同的产品。

参照余淼杰和王雅琦(2014)的研究,本节选取赫芬达尔—赫希曼指数(HHI)作为衡量行业进入自由度的指标。该指标是学界和政界普遍使用的衡量行业集中度的指标。这里的分析将采用4位数行业内所有企业市场占有率(销售额所占全行业市场比重衡量)的平方和计算。HHI越大代表行业集中度越高,也就是说垄断程度越高。当HHI指数等于1时表示独家垄断。表6-12展示了加入了行业进入自由度的不同分组①之下,人民币实际有效汇率对于企业多元化出口决策的影响。

表6-12 行业进入自由度对企业出口多元化决策的影响

被解释变量: 企业出口 产品种类	自由度高	自由度低	自由度高		自由度低	
			高生产率	低生产率	高生产率	低生产率
	(1)	(2)	(3)	(4)	(5)	(6)
企业层面实际有效汇率对数值	0.053*** (0.017)	0.034* (0.021)	0.072** (0.036)	0.069** (0.034)	0.017 (2.901)	0.021 (2.781)
全要素生产率对数值	0.226** (0.114)	0.117 (0.119)	0.176 (0.199)	0.316 (0.457)	0.237 (0.908)	0.026 (0.276)
进口国加权GDP对数值	0.147*** (0.047)	0.233*** (0.116)	0.317** (0.158)	0.421** (0.211)	0.103** (0.056)	0.104** (0.052)
人均资本量对数值	−0.003* (0.001)	−0.012 (0.178)	−0.016 (0.639)	−0.027 (0.103)	−0.024* (0.015)	−0.016 (1.926)
经营费用	−0.012 (3.201)	−0.122 (2.067)	−0.139 (2.193)	0.128 (3.102)	0.191 (2.478)	0.213 (2.389)
国有企业虚拟变量	0.078 (1.326)	0.057 (2.819)	0.079 (1.489)	0.069 (3.103)	0.058 (2.018)	0.077* (0.048)
加工企业虚拟变量	−0.032** (0.018)	−0.037** (0.012)	−0.047** (0.028)	−0.026* (0.017)	−0.036** (0.019)	−0.028 (0.102)
企业固定效应	YES	YES	YES	YES	YES	YES
时间固定效应	YES	YES	YES	YES	YES	YES

注:括号里的数值为稳健误。表中*代表在10%水平上显著,**代表在5%的水平上显著,***代表在1%的水平上显著。我们按照HHI的中位数来进行高自由度和低自由度的分组。另外,我们还依据生产率均值来确定高生产率组和低生产率组,来考察交叉影响。

---

① 若按照前15%和后15%来进行行业不同自由程度的分组,结果同样是显著的。

由于本研究的样本并不符合泊松分布的要求,因此采用负二项分布回归进行检验结果的汇报:首先,由第(1)列和第(2)列,在自由度高的分组里,实际有效汇率和全要素生产率的系数估计符号都为正,并且比低自由度对照组要增加的更明显。在接下来的(3)、(4)、(5)、(6)列,将每一组又细分为生产率水平高于平均值的高生产率组和低于平均值的低生产率组。可以看到,在自由度高的组内,无论是高生产率企业还是低生产率企业,汇率变动及生产率正向冲击都可以使得企业增加出口品种;但在自由度低的组内,受到汇率波动的影响都不显著。这也验证了国内部分行业中企业的确受到了生产环境自由程度的制约。通过实证分析可以得出,行业的生产环境对于企业是否能够发挥优势、扩展出口品种是至关重要的。

接下来的分析将继续考虑加工贸易的情况。上一章的实证结果显示,加工贸易自身具备的两大特征使得其单位出口价格对于汇率波动的反应并不敏感。本节现在来探讨在扩展边际上,加工贸易企业在汇率发生波动时是否会显著改变自己的出口产品多元化决策。表6-13展示了运用负二项分布回归进行实证检验的结果。

表6-13 加工贸易对企业出口多元化决策的影响

解释变量: 企业出口产品种类	(1)	(2)	(3)	(4)
	加工贸易企业		非加工贸易企业	
	高生产率	低生产率	高生产率	低生产率
企业层面实际有效汇率对数值	0.044 (0.347)	0.051 (1.363)	0.071** (0.034)	0.024 (0.437)
全要素生产率对数值	0.031 (0.781)	−0.043 (1.245)	−0.216 (2.209)	0.028 (2.304)
目的国加权GDP对数值	0.023* (0.014)	0.021* (0.013)	0.027** (0.016)	0.098* (0.051)
经营费用对数值	0.238 (4.252)	0.266 (3.412)	0.241* (0.149)	0.231 (3.417)
企业规模对数值	−0.021 (5.960)	−0.033 (6.371)	0.036** (0.016)	0.026** (0.013)
企业成立年数	0.024 (0.108)	0.027 (0.208)	0.096* (0.048)	0.025* (0.014)
行业固定效应	YES	YES	YES	YES
年份固定效应	YES	YES	YES	YES

续表

解释变量： 企业出口产品种类	(1)	(2)	(3)	(4)
	加工贸易企业		非加工贸易企业	
	高生产率	低生产率	高生产率	低生产率
R-Square	0.088	0.076	0.129	0.111
N	5 389	6 892	9 693	10 017

注：括号里的数值为稳健误。表中 * 代表在 10% 水平上显著，** 代表在 5% 的水平上显著，*** 代表在 1% 的水平上显著。本研究使用全体企业全要素生产率的平均值作为标准，区分高生产率组和低生产率组。

由表 6-13 可以得到，加工贸易企业组无论是高生产率还是低生产率，企业层面实际有效汇率的变动对于企业出口种类均有正向影响，但是都不显著。这说明加工贸易企业在与外方签约时存在合同锁定的现象。也就是说，加工贸易企业在产品选择和技术拓宽方面都受制于外方企业，即使有了汇率贬值的正向冲击，仍因受到制约而无法自由调整其生产结构，也无法决定产品种类的更替。与之相比，非加工贸易出口则灵活自由得多。当汇率发生贬值或者生产率水平提高时，企业可以自主决定并调整生产的出口产品种类，因此在扩展边际上表现为产品种类的增加。

(四) 稳健性检验

第三节主要探讨了扩展边际的另一个方面——企业间的扩展边际，也就是企业自主决策产品出口种类数目与汇率变动的关系。通过基准回归结果可以初步得出，人民币汇率上升（本国货币贬值）的时候企业出口产品种类会增加。而企业的生产方式、产品种类的自主选择会受到行业自由度及贸易出口方式的影响。

在接下来的分析中同样替换回归式中的关键指标，对基准回归结果作出稳健性检验。首先，本节用双边实际有效汇率指标来替代企业层面实际有效汇率指标。如表 6-14 所见，第(1)列中双边实际有效汇率上升（本国货币贬值）会对企业多元化决策有正向的影响，并在 5% 的水平上显著；全要素生产率同样是企业出口产品种类决策的重要依据，企业全要素生产率越大，则出口的产品种类数目越大。在添加其他变量后，发现关键变量回归结果的显著性下降[第(2)列]，但是在控制了行业固定效应和时间固定效应后，显著性有所回升。其他变量的符号也与基准回归相符合，例如目的国加权

GDP越高,则企业出口产品种类越多;人均固定资产额越高,则企业出口产品种类反而越少;国有企业虚拟变量和加工贸易企业虚拟变量对于被解释的作用是相反的。

表6-14 人民币汇率波动影响企业出口产品种类稳健性检验(双边实际有效汇率)

被解释变量: 企业出口产品种类	固定效应			泊松分布	负二项分布
	(1)	(2)	(3)	(4)	(5)
双边实际汇率对数值	0.241** (0.121)	0.315 (0.451)	0.256* (0.162)	0.244** (0.123)	0.159** (0.079)
全要素生产率对数值	0.413** (0.204)	0.426 (1.354)	0.316 (0.197)	0.377* (0.231)	0.236** (0.117)
目的国加权GDP对数值	—	0.203 (1.266)	0.221 (0.138)	0.351** (0.175)	0.331* (0.209)
人均固定资产额对数值	—	−0.133* (0.084)	−0.231* (0.145)	−0.328* (0.193)	−0.023* (0.014)
经营费用对数值	—	0.056 (0.473)	0.425* (0.225)	0.672* (0.421)	0.223 (0.229)
企业规模对数值	—	0.361* (0.226)	0.255 (1.423)	0.087 (1.287)	0.242 (2.458)
新产品产值对数值	—	0.012 (0.203)	0.033 (0.072)	0.029 (0.066)	0.032 (0.071)
国有企业虚拟变量	—	0.452** (0.227)	0.258* (0.127)	0.315** (0.159)	0.295** (0.147)
加工出口企业虚拟变量	—	−0.562** (0.287)	−0.623** (0.312)	−0.833** (0.355)	−0.449** (0.222)
行业固定效应	YES	NO	YES	YES	YES
年份固定效应	YES	NO	YES	YES	YES
R-Square	0.106	0.193	0.180	0.242	0.277

注:括号里的数值为稳健误。表中 * 代表在10%水平上显著,** 代表在5%的水平上显著,*** 代表在1%的水平上显著。

进一步的,本节运用全员劳动生产率指标来替代原有的全要素生产率指标进行实证检验,检验结果如表6-15所示。从表6-15的第(1)列可以看到,当回归方程中仅有企业层面实际有效汇率和全员劳动生产率这两个指标时,这两者都对被解释变量产生正向的影响。在逐渐添加其他解释变量进入回归方程后,变量的显著性有所下降,但在控制了行业固定效应之后,结果变得显著。其他变量的估计系数及显著性与基准回归的结果大致相同,在此不再赘述。

表 6-15 人民币汇率波动影响企业出口产品种类稳健性检验(全员劳动生产率)

被解释变量: 企业出口产品种类	固定效应			泊松分布	负二项分布
	(1)	(2)	(3)	(4)	(5)
企业层面实际有效汇率对数值	0.243** (0.126)	0.218* (0.136)	0.301 (0.675)	0.382** (0.191)	0.346** (0.173)
全员劳动生产率对数值	0.231** (0.115)	0.314* (0.196)	0.249 (2.108)	0.351*** (0.113)	0.305** (0.193)
目的国加权 GDP 对数值	—	0.212* (0.132)	0.315 (1.422)	0.241** (0.156)	0.239* (0.147)
人均固定资产额对数值	—	−0.244 (2.451)	−0.034* (0.024)	−0.126* (0.071)	−0.103* (0.065)
经营费用对数值	—	0.311 (0.342)	0.351* (0.457)	0.423* (0.921)	0.306 (0.563)
企业规模对数值	—	0.009* (0.005)	0.008 (2.309)	0.013* (0.004)	0.022 (1.421)
新产品产值对数值	—	0.031 (0.146)	0.042 (0.155)	0.026 (0.132)	0.042 (0.055)
国有企业虚拟变量	—	0.519 (1.213)	0.561 (1.255)	0.716 (1.217)	0.724 (2.365)
加工出口企业虚拟变量	—	−0.214** (0.107)	−0.235 (0.472)	−0.317** (0.159)	−0.273* (0.171)
行业固定效应	YES	YES	NO	YES	YES
年份固定效应	YES	YES	NO	YES	YES
R-Square	0.119	0.128	0.121	0.113	0.117

注:括号里的数值为稳健误。表中 * 代表在 10% 水平上显著, ** 代表在 5% 的水平上显著, *** 代表在 1% 的水平上显著。

(五) 基本结论

本节运用 2000—2006 年匹配后的微观企业层面数据和产品层面数据分析了人民币汇率对于中国外贸出口产品种类(企业内扩展边际)的影响。其中,本节用企业出口产品种类数目作为被解释变量来研究企业的多元化出口决策行为。由于被解释变量是非负整数,最小二乘法 OLS 会造成有偏估计,因此采取泊松分布及负二项分布进行检验,并用固定效应模型作为参照。从样本的实际情况来看,负二项分布更接近实际情况。实证结果发现,当人民币汇率发生贬值时，企业会选择增加出口产品种类数目，反之则会减少产品种类数目；全要素生产率对于企业增加出口产品种类数目同样具有正向的影响。这就验证了理论模型的命题3的结论。

由于出口企业所在行业的行业自由状况对于本节实证研究十分关键，笔者区分了不同行业自由程度下的子样本进行回归分析。通过实证检验可以发现，行业环境较好的子样本，在汇率和生产率发生正向冲击时，能够更好地拓宽生产产品种类，而处于行业环境较差的子样本的多元化产品决策，则对于汇率及生产率的冲击并不敏感。进一步细分不同行业环境下的不同生产率的企业样本，则发现无论是高生产率还是低生产率的企业，在行业环境较差的情况下，面对汇率、生产率的冲击时企业的产品种类调整所受到的影响并不显著。

本节还区分不同贸易方式进行了验证，实证结果发现加工出口企业由于其自身的局限性，企业的产品多元化受到汇率贬值的影响并不显著。本节还通过替换汇率、生产率指标对前文的基准回归结果作出了稳健性检验。

三、人民币汇率波动与总出口

之前，内容已经分别讨论了汇率波动对于企业层面出口行为决策，包括价格、规模决策、进入、退出决策以及产品多元化决策的影响。本节将尝试加总企业层面变量到行业层面，并通过分析行业加总层面的出口对于汇率的表现来阐释宏观出口与汇率波动之间的关系。之后，本节将进一步拆分总出口为集约边际和扩展边际两个方向，并解释这两种边际对于汇率波动的不同弹性。

如前所述，由于汇率对于贸易的影响在加总层面会因为加总偏误、反向因果联立性以及指标构建的问题造成回归结果的偏差，因此学术界开始由微观层面出发进行研究分析。在众多可能作出解释的机制当中，本研究从微观异质性企业差异化的出口行为出发，认为在加总层面上汇率与贸易之间的弱相关现象是由汇率对于微观企业价格的不完全传导所导致的，换句话说，是企业的"因市场定价"行为决策"吸收"了一部分汇率带来的冲击。上一章得到单个微观企业的出口额因汇率波动而产生的变化是负向且不显著的。如果将微观数据加总到行业层面以及分解为二元边际，是否会带来有价值的分析结果？

我们知道，首先由于出口固定费用的存在，只有那些生产率高（因汇率波动而产生因市场定价的行为）的企业才会进入市场，这就使得在平均意义上，出口商本身就有潜在的因市场定价行为；其次，如果差异化的因市场定价行为促使出口企业向少数生产率极高的行业聚集,则高生产率的企业在出口市场占据较大比重,进而会在整体上降低汇率对总出口的传导效果;再次,从扩展边际看,那些因贬值而进入出口市场的企业往往是那些生产率较低、规模较小、表现较差的企业,这些企业对比起其他生产率较高的企业来说,市场占有率较低。如果满足以上三点,则可以基本断定总出口对于汇率波动的影响是不敏感的。

为了验证上述情形,本节的思路是将微观企业出口加总到4位数的行业层面,并根据行业平均生产率水平去定义在前15%生产率水平的行业组,以及根据平均规模大小来划分规模在前15%的行业组。在每一个行业组,样本再被拆分为高生产率的和低生产率的两组进行比较。如果行业层面与企业层面相似,也就是说高生产率的行业对于汇率波动的影响不敏感,那么总出口对于汇率波动的影响也是不敏感的。

表 6-16 人民币汇率波动与总出口

被解释变量:出口总额(行业层面)	全部样本			规模为Top 15%行业		生产率为Top 15%行业	
	全部样本	高生产率	低生产率	高生产率	低生产率	高生产率	低生产率
	(1)	(2)	(3)	(4)	(5)	(6)	(7)
实际有效汇率对数值	0.479 (0.376)	0.317 (0.281)	0.906* (0.565)	0.208 (0.296)	0.988 (0.994)	0.197 (0.239)	0.869 (0.957)
滞后期实际有效汇率对数值	0.199 (0.264)	0.532 (0.591)	0.962* (0.547)	0.241 (0.278)	0.312 (0.361)	0.013 (0.233)	0.315 (0.345)
进口国加权GDP	1.031** (0.511)	1.430** (0.712)	0.894** (0.441)	0.924** (0.461)	0.979** (0.489)	1.054** (0.521)	0.784** (0.307)
时间固定效应	YES	YES	YES	YES	YES	YES	YES
R-square	0.143	0.145	0.145	0.121	0.124	0.134	0.136

注:括号里的数值为稳健误差。表中 * 代表在10%水平上显著,** 代表在5%的水平上显著,*** 代表在1%的水平上显著。

从表6-16中可以看到,汇率波动对于总出口的影响是不显著的,并且对于滞后一期的汇率波动仍旧是不显著的。这一点印证了中国对外出口与人民币汇率之间的弱相关关系。在全部样本被分为高生产率组及低生产率组行业后,可以看到在低生产率组,汇率波动对于行业加总出口的影响是正向的,但高生产率行业组的回归系数在统计学上不显著。当探讨行业当中的"翘楚"

时,也就是在规模、生产率水平都属于前15%的行业,如第(4)、(5)、(6)、(7)列,可发现无论是在这些行业中细分的高生产率子样本还是低生产率子样本,因汇率波动而产生的影响都是不显著的。

另一个关于行业集中程度的指标,在前文曾被提及,即赫芬达尔指标(HHI)。该指标用以衡量行业垄断程度。运用4位数行业内所有企业的销售额占全行业比重的平方和来衡量,HHI指数越高代表垄断程度越高。笔者将这个指数加入回归模型中,并且作为汇率的交叉项,以此来探讨行业集中度对于汇率波动的影响。对于双边实际有效汇率指标的分析,除了固定效应模型,笔者还加入了有别于传统的不确定性分析方法——加权平均最小二乘法(Weighted Average Least Squares,WALS)进行验证。加权最小二乘法能够对变量的相对重要性进行识别。

表6-17 人民币汇率波动与总出口(HHI指数)

被解释变量	(1)	(2)	(3)	(4)	(5)	(6)
	总出口		扩展边际		集约边际	
	FE	WALS	FE	WALS	FE	WALS
双边实际有效汇率对数值	0.171 (0.236)	0.197 (0.021)	0.326** (0.141)	0.361 (0.378)	−0.313 (0.331)	−0.154 (0.053)
HHI指数	1.128 (1.829)	—	−0.862 (0.834)	—	1.326 (1.962)	—
HHI指数×双边实际有效汇率对数值	−0.432** (0.186)		−0.026 (0.155)		−0.461** (0.169)	
进口国加权GDP	0.076** (0.034)	0.362 (0.427)	0.093** (0.042)	0.451 (0.529)	−0.042** (0.021)	0.058 (0.061)
地理毗邻虚拟变量	0.413** (0.211)		0.066 (0.114)		0.307*** (0.067)	

注:括号里的数值为稳健误。表中 * 代表在10%水平上显著, ** 代表在5%的水平上显著, *** 代表在1%的水平上显著。

由表6-17可以看到,总出口的估计系数符号虽然为正,但在统计上却是不显著的,在加权最小二乘法的估计之下 t 值也小于1①,这说明并没有足够

---

① t 指的大小由标准差与系数的比所得,该值越大,则变量被纳入回归方程当中的概率越大。当 t 值的绝对值为1时,该变量大约有50%的概率与被解释变量相关。

的证据可以证明汇率对于总出口有着显著的影响。从实证检验来看,汇率变动与出口贸易之间的关系仍旧保持着"弱相关"。在扩展边际上,汇率对于被解释变量的估计系数是显著为正的,也就是说汇率能够正向影响新增企业的出口。在集约边际上,汇率对于被解释变量的估计系数为负,并且在统计上并不显著,t 值也小于1,说明汇率对于出口集约边际的影响是不明显的。这里对于总出口的分析是在集约边际和扩展边际权重相同的情况下进行的。但事实上,从现有的研究来看,中国对外出口的扩张主要还是来自集约边际的扩张。因此这里的回归有可能放大了扩展边际的作用。但即便如此,出口的集约边际仍旧抵消了扩展边际为出口带来的正向效应,使得总出口呈现出对于汇率波动的不敏感状态。

现在转而分析行业集中度指标 HHI 指数。可以看到,交叉项对于总出口的影响是负向的,也就是说当汇率上升(本币贬值)时,每增加1单位的行业集中度,会造成总出口的下降。这就验证了笔者之前的预测:行业集中程度越高,总出口对于汇率波动越不敏感。交叉项对于集约边际的影响与对总出口的影响相类似,市场上现有企业的行业集中度越高,则总出口对于汇率波动越不敏感。但是 HHI 指数对于出口的扩展边际影响并不显著。

进口国加权 GDP 变量对于总出口和二元边际都有显著的正向影响,与笔者之前的预测相一致。地理毗邻虚拟变量则是对于总出口和出口的集约边际有显著的正向影响,说明两国在地理位置的相邻更会开展贸易。但是地理毗邻对于出口的扩展边际是不显著的。这说明毗邻的两国之间的贸易主要是依靠出口的集约边际扩展的。

四、本章小结

本章运用了高度细化的 2000—2006 年企业层面及产品层面的面板数据,分析了企业间出口扩展边际、企业内出口扩展边际以及总出口对于汇率波动的敏感程度。

首先,本章运用 Probit 模型和 Logit 模型分析企业进入退出(企业间出口扩展边际)行为与人民币汇率之间的关系。实证模型的估计结果表明,人民币汇率波动对于企业的出口决策是正向影响的,也就是说当汇率上升(也即人民币贬值)时来自企业间扩展边际的出口概率是上升的。这是因为贬值为企业带来了正向的生产率冲击,与此同时出口"临界生产率"降低,使得原本没有机会涉足海外市场的企业得到了机会。本章同时对比了汇率对于已经进入出口市场企业对于继续从事外销决策可能性的影响,检验结果同样显著为正。

其次,本章验证了企业出口多元化决策(企业间扩展边际)与人民币汇率波动之间的关系。运用固定效应模型、泊松分布以及负二项分布的方法,发现人民币汇率与企业出口多元化决策之间存在显著的正向关联。当企业面临汇率上升(本国货币贬值)时,会增加出口产品的种类数目。命题3的结论在此得到印证。企业的多元化决策与行业垄断程度与行业所在环境密切相关。笔者通过HHI指数来区分行业自由度高和行业自由度低两组,发现在行业自由度较低的组里,无论是高生产率的企业还是低生产率的企业,都无法因为汇率的正向冲击而自由增加出口的产品种类。此外,加工贸易企业的多元化决策与汇率之间的关系也是不显著的。

最后,笔者分析了加总层面出口与汇率波动之间的关系。把企业层面数据加总到行业层面,会发现汇率波动对于总出口的影响是不显著的,并且滞后一期的汇率波动的影响仍旧是不显著的。这再次证明中国对外出口与人民币汇率之间的确存在弱相关的关系。运用加权最小二乘法对于变量存在的概率进行估计,可发现汇率对于总出口的 t 值小于1。在集约边际上,汇率的波动效应为负,并且在统计上也是不显著的。而在扩展边际上,汇率波动能为出口带来显著的正向效应,说明本国货币贬值会带来新增出口额的上升。HHI指数与汇率的交叉项为负,说明在汇率上升(本国货币贬值)的情况下行业集中程度越高则总出口对于汇率的波动越不敏感。其他相关的控制变量和统计显著性都与之前预期的结论较为一致。

第七章 结论与政策建议

一、主要结论

本研究在全面梳理了汇率波动与异质性企业的相关文献的基础上,对中华人民共和国成立以来历次汇率调整及外贸发展的状况作出回顾与总结,并得出在宏观加总层面上,无论对外贸易是基于外贸部门的指令行为还是基于市场主体的自发行为,都与汇率之间存在一种不明确的关系。这说明微观个体在生产率、分销成本以及出口模式的差异性或许会导致在加总的意义上出口对于汇率波动敏感度的下降。本研究以此作为分析的逻辑起点,构建了一个带有外生汇率变量的异质性企业出口行为模型进行了理论方面的分析;在理论分析的基础上,运用高度细化的企业层面数据及产品层面数据,精确测度了理论模型的关键指标:企业层面实际有效汇率和全要素生产率指标,并运用固定效应模型、随机效应模型、Probit 方法、Logit 方法、加权最小二乘法分析了人民币汇率波动对于企业出口决策及总出口的影响。综合上述讨论,得出的主要结论如下:

首先,从企业层面来看,汇率对于企业出口行为的影响如下:(1)企业的单位出口价格、出口交货值对于汇率波动的反应都是显著的,但细分高生产率组和低生产率组,则得到截然相反的结果。高生产率的企业在面对人民币汇率贬值(升值)时,会更倾向于增加(减少)产品的单位出口价格;低生产率的企业在面对人民币汇率贬值(升值)时,则会更倾向于增加(减少)产品的出口交货值。换句话说,人民币汇率在高生产率企业的传导是不完全的,因此会对加总出口层面产生一定的影响。这也在一定程度上为解释人民币汇率与出口之间的弱相关提供了新的思路。(2)分销成本的存在会影响消费者价格的汇率传导程度。当分销成本增加时,企业因汇率而调整单位出口价格的弹性会增加,而调整出口交货值的弹性会减少。如果将实际有效汇率分为高汇率组和低汇率组,那么会发现,汇率越高(本国货币贬值程度越高)则企业单位出口价格的汇率弹性越高、企业交货值的汇率弹性越低。(3)单个企业出口额对于汇率的弹性是由单位出口价格对于汇率的弹性和出口数量对于汇率的弹性加总得到的。汇率波动对于企业出口额的影响是负向且不显著的。(4)人民币汇率波动对于企业的出口决策的影响是正向的,也就是说当汇率上升(也即人民币贬值)时出口的扩展边际是增加的。(5)人民币汇率与企业出口多元化决策之间有显著的正向关联。当企业面临汇率上升(本国货币贬值)时,会增加出口产品的种类数目。这种关联会因行业自由度的不同而呈现出差异化。

其次,把企业层面的数据加总到行业层面后,经过实证检验发现:(1)汇率波动对于总出口的影响是不显著的,并且滞后一期的汇率波动的影响仍旧是不显著的。这印证了中国对外总出口与人民币汇率之间确实存在"弱相关"的关系。运用加权最小二乘法对变量存在的概率进行估计,本研究发现汇率对于总出口的贡献也是不明确的。(2)在出口的集约边际上,汇率的波动效应为负,并且在统计上是不显著的。(3)在出口的扩展边际上,汇率波动能带来显著的正向效应,说明本国货币贬值会带来新增出口额的上升。(4)当汇率上升(本国货币贬值)时,行业集中程度越高则汇率波动对于总出口的影响越不显著。

二、研究结论赋予的政策建议

通过对不同历史时期人民币汇率与对外贸易发展的状况进行回溯,笔者发现:在企业不能自主决定生产及出口行为时,政府为引导外贸发展而制定的汇率政策和相关的外贸政策能够在一定程度上影响外贸发展的总体走向,但汇率和外贸都是外生的变量;在市场机制越发健全、外贸管制逐渐放权的情况下,企业得以自主决定生产及出口行为时,外贸政策虽仍旧有着指导意义和促进作用,但汇率对于总出口的作用则是不明确的。本研究从微观影响机制着眼,考虑在加入了汇率因素时异质性微观企业差异化行为决策对于宏观出口的影响,试图用个体的差异来解释总出口对汇率敏感度的降低。

汇率波动与异质性企业出口行为的实证研究结论所赋予的政策建议如下:(1)汇率作为影响出口变动的主要因素之一,虽不能对总出口产生明确的显著的影响,但是可以显著影响到作为微观市场主体的企业的行为。然而汇率波动对于不同类型出口企业的影响是不同的,因此试图用汇率工具来一次性调节所有企业的出口行为是笼统且不明确的。汇率及相关政策的制定应充分考虑到企业的异质性。具体来说,使用汇率工具来调整对外贸易价格和规模的有效性依赖于企业的生产效率、贸易方式及出口市场分销成本的差异。(2)生产率是企业异质性的来源,也是企业出口决策的重要因素。生产率的正向冲击能够使得企业增加进入出口市场的可能性,也能够增加企业的多元化产品种类。在这个意义上,政府应当鼓励出口企业努力提升自身生产效率、转变生产结构,从而优化贸易发展模式。(3)行业的垄断程度会影响汇率对于总出口的影响程度。当行业的垄断程度越高时,总出口对于汇率的敏感程度越高。所以政策执行者在运用汇率工具时,还应当考虑到不同行业的具体情况,不可一概而论。(4)汇率对于出口的集约边际和扩展边际的影响是不同的,汇率贬值能够带来扩展边际的显著增长,但会在一定程度上削弱出口的集约边际。在这个意义上,贬值虽然不能为总出口带来明确的影响,但是对于改善出口的增长路径有着积极的效应。

参考文献

[1] Adler J H. United States Import Demand during the Interwar Period[J]. The American Economic Review, 1945, 35(3):418—430.

[2] Adolfson M. Monetary Policy with Incomplete Exchange Rate Pass-Through [R]. Sveriges Riksbank Working Paper Series, 2001.

[3] Amiti M, Itskhoki O, Konings J. Importers, Exporters, Exchange Rate Disconnect [R]. National Bureau of Economic Research No. w18615, 2012.

[4] Anderson S. Caste as an Impediment to Trade[J]. American Economic Journal: Applied Economics, 2011, 3(1):239—263.

[5] Atkeson A, Burstein A. Pricing-to-market, Trade costs, International Relative Prices [J]. The American Economic Review, 2008, 98(5):1998—2031.

[6] Auer R A, Chaney T. Cost Pass Through in a Competitive Model of Pricing-to-Market[R]. SNB Working Paper, 2008.

[7] Aw B Y, Hwang A. Productivity and the Export Market: A Firm Level Analysis [J]. Journal of Development Economics, 1995, 47(2):313—332.

[8] Baggs J. International Trade in Hazardous Waste[J]. Review of International Economics, 2009, 17(1):1—16.

[9] Bahmani-Oskooee M, Brooks T J. Bilateral J-curve between US and Her Trading Partners[J]. Review of World Economics, 1999, 135(1):156—165.

[10] Bahmani-Oskooee M. Real and Nominal Effective Exchange Rates for 22 LDCs: 1971:1—1990:4[J]. Applied Economics, 1995, 27(7):591—604.

[11] Baldwin R E. Heterogeneous Firms and Trade: Testable and Untestable Properties of the Melitz Model[J]. Working Paper, 2005.

[12] Baldwin R E, Forslid R. Trade Liberalization with Heterogeneous Firms[J]. Review of Development Economics, 2010, 14(2):161—176.

[13] Berman N, Martin P, Mayer T. How Do Different Exporters React to Exchange Rate Changes?[J]. The Quarterly Journal of Economics, 2012, 127(1):437—492.

[14] Bernard A B, Jensen B. Exceptional Exporter Performance: Cause, Effect, or Both?[J]. Journal of International Economics, 1995, 47(1):1—25.

[15] Bernard A B, Jensen B. Why Some Firms Export?[J]. Review of Economics and Statistics, 2004, 86(2):561—569.

[16] Bernard A B, Jensen J B, Schott P. K Trade Costs, Firms and Productivity [J]. Journal of Monetary Economics, 2006, 53(5):917—937.

[17] Bernard A B, Eaton J, Jensen B, Kortum S. Plants and Productivity in International Trade[J]. The American Economic Review, 2001, 93(4):1268—1290.

[18] Bernard A B, Redding S, Schott R. Comparative Advantage and Heterogeneous Firms[J]. Review of Economic Studies, 2007, 74(1):31—66.

[19] Bernard A B, Wagner J. Export Entry and Exit by German Firms [J]. Weltwirtschaftliches Archiv, 2001, 137(1):105—123.

[20] Bhagwati J. Capital Myth: The Difference between Trade in Widgets and Dollars [J]. The Foreign Affairs, 1998, 77(3):7—12.

[21] Bickerdike C F. The Instability of Foreign Exchange[J]. The Economic Journal, 1920:118—122.

[22] Blalock G, Roy S. A Firm-level Examination of the Exports Puzzle: Why East Asian Exports Didn't Increase After the 1997—1998 Financial Crisis [J]. The World Economy, 2007, 30(1):39—59.

[23] Brandt L, Biesebroeck J V, Zhang Y F. Creative Accounting or Creative Destruction? Firm-level Productivity Growth in Chinese Manufacturing[J]. Journal of Development Economics, 2012, 97(2):339—351.

[24] Branson W H. Comment on Exchange Rate Pass-through in the 1980s: The Case of U. S. Imports of Manufactoures[M]. Brookings Papers on Economic Activity, 1989, 1:330.

[25] Burstein A T, Joao C. Neves, Sergio Rebelo. Distribution Costs and Real Exchange Rate Dynamics during Exchange-Rate-Based Stabilizations[J]. Journal of monetary Economics, 2003, 50(6):1189—1214.

[26] Burstein A, Eichenbaum M, Rebelo S. The Importance of Nontradable Goods' Prices in Cyclical Real Exchange Rate Fluctuations[J]. Japan and the World Economy, 2003, 18(3):247—253.

[27] Bussiere M, Peltonen T. A Exchange Rate Pass-through in the Global Economy: the Role of Emerging Market Economies [J]. European Central Bank Working Paper No. 951, 2008.

[28] Campa J M, Linda S. Employment versus Wage Adjustment and the US Dollar [J]. Review of Economics and Statistics, 2001, 83(3):477—489.

[29] Campa J M, Linda S. Goldberg. Exchange Rate Pass-Through into Import Prices: A Macro or Micro Phenomenon?[J]. NBER Working Paper No. w8934, 2002.

[30] Campa J M, Goldberg L S. Exchange Rate Pass-Through into Import Prices [J]. Review of Economics and Statistics, 2005, 87(4):679—690.

[31] Chaney T. Productivity Overshooting: The Dynamic Impact of Trade Opening with Heterogeneous Firms[J]. Working paper, 2005.

[32] Chaney T. Distorted Gravity: the Intensive and Extensive Margins of International Trade[J]. The American Economic Review, 2008, 98(4):1707—1721.

[33] Chatterjee A, Dix-Carneiro R, Vichyanond J. Multi-Product Firms and Exchange Rate Fluctuations[J]. The American Economic Journal: Economic Policy, 2013, 5(2): 77—110.

[34] Cheung Y-W, Sengupta R. Impact of Exchange Rate Movements on Exports: An Analysis of Indian Non-Financial Sector Firms. Journal of International Money and Finance, 2013, 39:231—245.

[35] Christensen L R, Jorgenson D W. The Measurement of US Real Capital Input, 1929—1967[J]. Review of Income and Wealth, 1969, 15(4):293—320.

[36] Corsetti G, Dedola L. A Macroeconomic Model of International Price Discrimination[J]. Journal of International Economics, 2005, 67(1):129—155.

[37] Corsetti G, Dedola L, Leduc S. Optimal Monetary Policy and the Sources of Local-currency Price Stability [J]. International Dimensions of Monetary Policy, 2007: 319—367.

[38] Creusen H, Lejour A. Uncertainty and the Export Decisions of Dutch Firms [J]. FIW Working Paper, 2011.

[39] Creusen M E H. Research Opportunities Related to Consumer Response to Product Design[J]. Journal of Product Innovation Management, 2011, 28(3):405—408.

[40] Das S, Roberts M, Tybout J. Market Entry Costs, Producer Heterogeneity, Export Dynamics[J]. Econometrica, 2007, 75(3):837—873.

[41] Dekle R, Jeong H, Ryoo H. A Re-Examination of the Exchange Rate Disconnect Puzzle: Evidence from Firm Level Data[J]. University of Sourthern California mimeo, 2009.

[42] Dekle R, Eaton J, Kortum S. Unbalanced trade[J]. NBER Working Paper No. w13035, 2007.

[43] Devereux M B, Engel C. Monetary Policy in the Open Economy Revisited: Price Setting and Exchange-Rate Flexibility[J]. The Review of Economic Studies, 2003, 70(4): 765—783.

[44] Dixit A, Stiglitz J. Monopolistic Competition and Optimum Product Diversity [J]. The American Economic Review, 1977, 67(3):297—308.

[45] Dornbusch R. Expectations and exchange rate dynamics[J]. The Journal of Political Economy, 1976:1161—1176.

[46] Duttagupta R, Spilimbergo A. What Happened to Asian Exports During the Crisis?[J]. IMF Staff Papers, 2004:72—95.

[47] Eaton J, Kortum S, Kramarz F. An Anatomy of International Trade: Evidence from French Firms[J]. Econometrica, 2011, 79(5):1453—1498.

[48] Eaton J, Kortum S, Kramarz F. Dissecting Trade: Firms, Industries, Export Destinations[J]. The American Economic Review, 2004, 94(2):150—154.

[49] Eaton J, Kortum S. Technology, geography, trade[J]. Econometrica, 2002, 70(5):1741—1779.

[50] Engel C. Equivalence Results for Optimal Pass-Through, Optimal Indexing to Exchange Rates, Optimal Choice of Currency for Export Pricing[J]. Journal of the European Economic Association, 2006, 4(6):1249—1260.

[51] Feenstra R C, Taylor A M. International Economics(second edition)[M]. Worth Publishers, 2011.

[52] Feenstra R C, Li Z, Yu M. Exports and Credit Constraint under Private Information: Theory and Application to China[J]. University of California Davis, mimeo, 2010.

[53] Feldstein M. The Recent Failure of US Monetary Policy[J]. NBER Working Paper No. w4236, 1992.

[54] Fischer E. A Model of Exchange Rate Pass-Through[J]. Journal of International Economics, 1989, 26:119—137.

[55] Fitzgerald D, Haller S. Exchange Rates and Producer Prices: Evidence from Micro-Data, Manuscript, 2008.

[56] Fitzgerald D, Haller S. Pricing-to-market: evidence from plant-level prices [J]. The Review of Economic Studies, 2014, 81(2):761—786.

[57] Flemingham S. Where is the Australian J-curve?[M]. Bulletin of Economic Research, 1988, 40(1):43—56.

[58] Freund C, Hong C, et al. China's Trade Response to Exchange Rate[J]. Working Paper, 2011.

[59] Friedman M. The Case for Flexible Exchange Rates in Essays about Positive Economics[R]. University of Chicago, 1953.

[60] Froot K, Klemperer P. Exchange Rate Pass through When Market Share Matters [J]. American Economic Review, 1989:637—654.

[61] Gervais A. Product quality and firm heterogeneity in international trade[J]. US Census Bureau Center for Economic Studies Paper No. CES-WP-13-08, 2013.

[62] Ghironi F, Melitz M J. Trade Flow Dynamics with Heterogeneous Firms[J]. The American Economic Review, 2007, 97(2):356—361.

[63] Goldberg L, Tille C. Vehical Currency Use in International Trade[J]. NBER Working Paper No. 11127, 2005.

[64] Goldberg P K, Knetter M. Measuring the intensity of competition in export markets[J]. Journal of International Economics, 1997, 47(1):27—60.

[65] Goldberg L S, Campa J M. The Sensitivity of the CPI to Exchange Rates: Distribution Margins, Imported Inputs, Trade Exposure[J]. The Review of Economics and Statistics, 2010, 92(2):392—407.

[66] Goudie A W, Meeks G. The Exchange Rate and Company Failure in a Macro-micro Model of the UK Company Sector[J]. The Economic Journal, 1991:444—457.

[67] Grassman S. Currency Distribution and Forward Cover in Foreign Trade: Sweden Revisited[J]. Journal of International Economics, 1976, 6(2):215—221.

[68] Greenaway D, Kneller R. Exporting and Productivity in the United Kingdom [J]. Oxford Review of Economic Policy, 2004, 20(3):358—371.

[69] Greenaway D, Kneller R. Firm Heterogeneity, Exporting and Foreign Direct Investment[J]. Economic Journal, 2007:117, 134—161.

[70] Greenaway D, Kneller R. Exporting Productivity and Agglomeration[J]. European Economic Review, 2008, 52(5):919—939.

[71] Hacker R S, Hatemi-J A. Is the J-curve Effect Observable for Small North European Economics?[J]. Open economics review, 2003, 14(2):119—134.

[72] Helkie W L, Hooper P. An Empirical Analysis of the External Deficit, 1980—1986[M]. External Deficits and The Dollar, The Pit, the Pendulum, 1988.

[73] Hellerstein R. Who bears the cost of a change in the exchange rate? Pass-through accounting for the case of beer[J]. Journal of International Economics, 2008, 76(1): 14—32.

[74] Hinshaw R. American Prosperity and the British Balance-of-Payments Problem [J]. The Review of Economic Statistics, 1945, 27(1):1—9.

[75] Hoque A. A Test of the Purchasing Power Parity Hypothesis[J]. Applied Economics, 1995, 27(3):311—315.

[76] Imbs J M, Méjean I. Elasticity Optimism[J]. IMF Working Paper, 2009.

[77] Ito T, Sato K. Exchange Rate Pass-through and Domestic Inflation: A Comparison between East Asia and Latin American Countries[J]. Research Institute of Economy, Trade and Industry, RIETI Discussion Papers No. 7040, 2007.

[78] Jones R W. Stability Conditions in International Trade: A General Equilibrium Analysis[J]. International Economic Review, 1961, 2(2):199—209.

[79] Jorgenson D W. Capital Theory and Investment Behavior[J]. The American Economic Review, 1963:247—259.

[80] Junz H B, Rhomberg R R. Price Competitiveness in Export Trade among Industrial Countries[J]. The American Economic Review, 1973:412—418.

[81] Kamada K, Takagawa I. Policy coordination in East Asia and across the Pacific [J]. International Economics and Economic Policy, 2005, 2(4):275—306.

[82] Kreinin M E. The Effect of Exchange Rate Changes on the Prices and Volume of Foreign Trade[J]. Staff Papers-International Monetary Fund, 1977:297—329.

[83] Lal A K, Lowinger T C. Nominal Effective Exchange Rate and Trade Balance Adjustment in South Asia Countries[J]. Journal of Asian Economics, 2002, 13(3): 371—383.

[84] Lee J, Chinn M D. Current Account and Real Exchange Rate Dynamics in the G7 Countries[J]. IMF Working Paper, 2002, No. 02/130 25:257—274.

[85] Levinsohn J, Petrin A. Estimating Production Functions Using Inputs to Control for Unobservable[J]. Review of Economic Studies, 2003, 70(2):317—341.

[86] Li C, Shu C, Chang J. Exchange Rate Pass-through and Currency Invoicing in China's Export[J]. China Economic Issues, 2009, 9(2).

[87] Li H, Ma H, Xu Y, Xiong Y. How Do Exchange Rate Movements affect Chinese Exports? A firm-level Investigation[J]. Working Paper, 2012.

[88] Li Z, Yu M J. Exports, Productivity, Credit Constraints: A Firm Level Empirical Investigation of China[J]. Global COE Hi-Stat Discussion Paper Series, 2009.

[89] Liu B. Toward uncertain finance theory[J]. Journal of Uncertainty Analysis and Applications, 2013, 1(1):1—15.

[90] Magee S P. Currency contracts, pass-through, devaluation[J]. Brookings Papers on Economic Activity, 1973:303—325.

[91] Manova K. Credit Constraints, Equity Market Liberalizations and International Trade[J]. Journal of International Economics, 2008, 76(1):33—47.

[92] Manova K. Credit Constraints and the Adjustment to the Trade Reform[J]. The World Bank Working Paper, 2012.

[93] Manova K. Credit Constraints, Heterogeneous Firms and International Trade[J]. Review of Economic Studies, 2013, 80 (2):711—744.

[94] Manova K, Wei S J, Zhang Z W. Firm Exports and Multinational Activity Under Credit Constraints[J]. NBER Working Paper No. 16905, 2011.

[95] Mark R, Xu D, Fan Y. A structural model of demand, cost, export market selection for chinese footwear producers[J], NBER Working Paper No. w17725, 2012.

[96] Meade E. Exchange Rates, Adjustment, the J-curve[J]. Fed. Res. Bull, 1988, 74:633.

[97] Melitz M J. The Impact of Trade on Intra-Industry Reallocations and Aggregate Industry Productivity[J]. Econometrica, 2003, 71:1695—1725.

[98] Melitz M J, Ottaviano G I P. Market Size, Trade, Productivity[J]. Review of Economic Studies, 2008, 75(1):295—316.

[99] Metzler A. The Theory of International Trade in a Survey of Contemporary Economics[M]. Howard S. , Philadelphia: Blakiston, 1948:210—254.

[100] Nick G. Pass Through from Exchange Rate to Inflation: Monetary Transmission in Georgia. Proceedings, Economic Series[M]. Georgian Academy of Science, 2002, 10: 214—232.

[101] Obstfeld M, Rogoff K. New Directions for Stochastic Open Economy Models[J]. Journal of International Economics, 2000, 50(1):117—153.

[102] Ohno K. Export Pricing Behavior of Manufacturing: A US: Japan Comparison

[J]. Staff Papers-International Monetary Fund, 1989:550—579.

[103] Olley S, Pakes A. The Dynamics of Productivity in the Tele- Equipment Industry[J]. Econometrica, 1996, 64(6):1263—1297.

[104] Orcutt G H. Measurement of Price Elasticities in International Trade[J]. The Review of Economics and Statistics, 1950:117—132.

[105] Perkins D H, Rawski T G. Forecasting China's economic growth to 2025 [J]. China's Great Economic Transformation, 2008:829—886.

[106] Pholphirul P. Exchange Rate Pass-through in Thailand's Import Industries [J]. Competition Policy in WTO: How to Make It a Developing Countries' Agenda, 2003.

[107] Pholphirul P. Trade Responses to Prices and Exchange Rates: Evidence from Sectoral Differentials in Thailand[J]. TDRI Quarterly Review, 2004, 19(4):13—24.

[108] Piriya P. Trade Responses to Prcies and Exchange Rates[J], Thailand Development Research Institute Quartely Review, 2004:13—25.

[109] Roberts M J, Tybout J R. The Decision to Export in Colombia: An Empirical Model of Entry with Sunk Costs[J]. The American Economic Review, 1997:545—564.

[110] Robinson J. The Foreign Exchanges in Essays in the Theory of Employment [M]. Joan Robinson ed. , London: Macmillan and Co. , Ltd. , 1937:183—209.

[111] Rose A K, Yellen J L. Is there a J-curve?[J]. Journal of Monetary Economics, 1989, 24(1):53—68.

[112] Sibert A. Exchange Rates, Market Structure, Prices and Imports[J]. Economic Record, 1992, 68(3):233—239.

[113] Spitäller E. Short-Run Effects of Exchange Rate Changes on Terms of Trade and Trade Balance[J]. Staff Papers-International Monetary Fund, 1980:320—348.

[114] Tirole J, Fudenberg D A. Theory of Income and Dividend Smoothing Based on Incumbency Rents[J]. Journal of Political Economy, 1995, 103(1):75—93.

[115] Tybout J R. Plant and Firm-level Evidence on "New" Trade Theories[M]. Handbook of International Trade, Oxford: Basil Blackwell, 2003:388—415.

[116] Wang K, Wu C S. Exchange Rate Pass Through and Pass Through and Industry Characteristcs: The case of Taiwan's Exports of Midstream Petro-chemical Products: Theory, Practice and Policy Issues[M]. University of Chicago Press, 1999.

[117] Yu M J. Processing Trade, Tariff Reductions and Firm Productivity: Evidence from Chinese Product[R]. Peking University, 2011.

[118] Yu M J, Wei T. China's Firm-Level Processing Trade: Trends, Characteristics, Productivity[J]. CCER Working Paper No. E2012002, 2012.

[119] Zhang X F, Liu X X. How Responsive are Chinese Exports to Exchange Rate Changes? Evidence from Firm-Level Data[J]. Working Paper, 2011.

[120] 安虎森,皮亚彬,薄文广.市场规模、贸易成本与出口企业生产率悖论[J].财经研究,2013, 5:41—50.

[121] 柴忠东,施慧家.新新贸易理论新在何处——异质性企业贸易理论剖析[J].国际经贸探索,2008,12:14—18.

[122] 陈媛媛,王海宁.出口贸易、后向关联与全要素生产率[J].财贸研究,2011,1:46—51.

[123] 戴觅,余淼杰,Madhura Maitra.中国出口企业生产率之谜:纯出口企业的作用[J].北京大学中国经济研究中心讨论稿系列,No. C2011018,2011b.

[124] 戴觅,余淼杰.企业出口前研发投入、出口及生产率进步[J].经济学(季刊),2011a,10:211—230.

[125] 戴世宏,代鹏.人民币有效汇率的计算及走势分析[J].中国金融,2006,13:42—44.

[126] 戴翔.中国企业走出去的生产率悖论及其解释——基于行业面板数据的实证分析[J].南开经济研究,2013,2:44—59.

[127] 范剑勇,冯猛.中国制造业出口企业生产率悖论之谜:基于出口密度差别上的检验[J].管理世界,2013,08:16—29.

[128] 高越,李荣林.异质性、分割生产与国际贸易[J].经济学(季刊),2008,8:159—178.

[129] 黄玖立,冼国明.企业异质性与区域间贸易:中国企业市场进入的微观证据[J].世界经济,2012,4:3—22.

[130] 金祥荣,刘振兴,于蔚.企业出口之动态效应研究——来自中国制造业企业的经验:2001—2007[J].经济学(季刊),2012,3:1097—1112.

[131] 李春顶,尹翔硕.中国出口企业的生产率悖论及其解释[J].财贸经济,2009,11:84—90.

[132] 李春顶.出口与企业生产率——基于中国制造业969家上市公司数据的检验[J].经济经纬,2009,4:43—46.

[133] 李春顶.新—新贸易理论文献综述[J].世界经济文汇,2010,1:102—117.

[134] 李春顶.异质性企业国际化路径选择研究[D].上海:复旦大学,2009年.

[135] 李春顶.中国出口企业是否存在生产率悖论:基于中国制造业企业数据的检验[J].世界经济,2010,7:64—81.

[136] 李宏彬,马弘,熊艳艳,徐嫄.人民币汇率对企业进出口贸易的影响——来自中国企业的实证研究[J].金融研究,2011,2:1—16.

[137] 李亚新,余明.关于人民币实际有效汇率的测算与应用研究[J].国际金融研究,2002,10:62—67.

[138] 刘小玄,李双杰.制造业企业相对效率的度量和比较及其外生决定因素(2000—2004)[J].经济学(季刊),2008,7(3):843—868.

[139] 刘尧成,周继忠,徐晓萍.人民币汇率变动对中国贸易差额的动态影响[J].经济研究,2010,5:32—40.

[140] 卢向前,戴国强.人民币实际汇率波动对中国进出口的影响:1994—2003[J].经济研究,2005,5:31—39.

[141] 聂辉华,聂辉,华江艇. 中国工业企业数据库的使用现状和潜在问题[J]. 世界经济,2012,05:142—158.

[142] 史青.出口和生产率:基于异质性企业的实证研究综述[J].国际经贸探索,2012,8:22—35.

[143] 汤二子,刘海洋.中国出口企业的生产率悖论与生产率陷阱——基于2008年中国制造业企业数据实证分析[J].国际贸易问题,2011,9:34—47.

[144] 唐宜红,林发勤.异质性企业贸易模型对中国企业出口的适用性检验[J].南开经济研究,2009,6:88—99.

[145] 万正晓. 基于实际有效汇率变动趋势的人民币汇率问题研究[J]. 数量经济技术经济研究,2004,2:5—15.

[146] 王叙果. 现行人民币汇率制度成本收益的分析[J]. 东北师大学报,2005,3:65—68.

[147] 吴念鲁,陈全庚. 人民币汇率研究[M]. 北京:中国金融出版社,2002,45—63.

[148] 谢建国,陈漓高. 人民币汇率与贸易收支:协整研究与冲击分解[J]. 世界经济,2002,9:27—34.

[149] 谢千里,罗斯基,张轶凡. 中国工业生产率的增长与收敛[J]. 经济学(季刊),2008,7(3):809—826.

[150] 许和连,赖明勇. 中国对外贸易平衡与实际有效汇率[J]. 统计与决策,2002,2:19—20.

[151] 叶永刚,胡利琴,黄斌. 人民币实际有效汇率和对外贸易收支的关系——中美和中日双边贸易收支的实证研究[J]. 金融研究,2006,4:1—11.

[152] 余淼杰,王雅琦. 人民币汇率与企业出口种类[J]. 2014,CCER讨论稿。

[153] 余淼杰. 加工贸易、企业生产率和关税减免——来自中国产品面的证据[J]. 经济学(季刊),2011,10(4):1252—1280.

[154] 余淼杰.中国的贸易自由化与制造业企业生产率[J].经济研究,2010,12:97—110.

[155] 张会清,唐海燕. 人民币升值、企业行为与出口贸易——基于大样本企业数据的实证研究:2005—2009[J]. 管理世界,2012,12:23—34.

[156] 张礼卿,孙俊新.出口是否促进了异质性企业生产率的增长:来自中国制造业企业的实证分析[J].南开经济研究,2010,4:110—122.

[157] 赵伟,赵金亮.生产率决定中国企业出口倾向吗?——企业所有制异质性视角的分析[J].财贸经济,2011,5:100—105.

[158] 赵勇,雷达. 金融发展、出口边际与汇率不相关之谜[J]. 世界经济,2013,10,3—26.

后　记

　　乙未初春之令月,时和气清。百草滋荣而郁茂,长天景兴。疏雨至而挥连珠,驻笔掩卷而嗟叹,今夕何夕兮?顾往之岁月峥嵘,五年为期。自硕士始,至博士终,幸得日月光华之荣,旦复旦兮之耀。夫晨曦之更替兮,唯初心之未改。星移斗转而不觉兮,叹人生之长勤。

　　而今世人皆逐利,或求闻达于诸侯,或祈藏富于室内。鲜有矢志做学术者,淡俗情于市内,负雅志于苍云。古人劝今惜取少年之时,当忘晨昏而独坐兮,读万卷以自欣。夫经济学,经世济民者也。虽崇实证工具繁复之术,亦难离民生福利之探讨、效率公平之权衡。起于明察,止于至善。其逻辑之缜密,论理之深刻,亦与时俱进,常读常新。瞻之以为在前,忽焉方觉在后,虽习数年亦仅得冰山之一角。

　　恩师尹翔硕教授,德高鸿儒,淡泊谦和。先生所授之学术,或浅易,或艰涩,能传业,擅解惑。仰可升飞纤缴,俯能垂钓长流。虽洋洒数言已振聋发聩矣。先生之教诲研之弥坚,仰之弥高,循循然博我以文,授我以理。虽曰严师,宛若慈父。硕博生涯从先生之为学,但觉学问若源头活水不绝矣。铭师恩兮如三春之晖,虽衔环兮无以为报。此去经年兮两渡重洋,跨江海,幸得哥伦比亚大学访学一年有余。闻中美之差异,感东西之不同。亦增余之学业,长余见识。外导姜纬教授才情卓绝,学贯中西,巾帼不让须眉者也。愿践行笃志博学兮,格物明德。不披韧铠图安逸兮,岂能恍度蹉跎。

　　感父母亲情之贵重,恒久关怀兮无怨无悔。叹故乡遥遥而心系千里,忘远游兮辗转颠沛。铭至交好友之贴心,高山流水兮相逢恨晚。得同窗之同甘共苦,风雨同舟兮一路相伴。人生易老情难了,斗转星移情不移。

　　秉烛长夜而不眠兮,不舍昼夜。挥洒万字而不倦兮,颠倒晨昏。春莺啼转兮如歌,芙蕖半放兮香澈。秋水清绝兮生凉,冬雪娟静兮煮酿。世事变换而无常兮,何足控转;平生通达且豁然兮,何足为惧。学子窃自慨然矣,究年岁而未敢忘。百年光景时时促兮,人世欢趣却多寥落。

昨见旦苑桃花开兮,今知曦园之樱花落。但将心事寄皎月兮,照人烦恼似若清波。

陈陶然
于复旦大学北苑

图书在版编目(CIP)数据

汇率波动与异质性企业出口行为研究 / 陈陶然著
．— 上海：上海社会科学院出版社，2021
ISBN 978 - 7 - 5520 - 3692 - 3

Ⅰ．①汇… Ⅱ．①陈… Ⅲ．①汇率波动—关系—企业管理—出口贸易—研究—中国 Ⅳ．①F752.62

中国版本图书馆 CIP 数据核字(2021)第 195668 号

汇率波动与异质性企业出口行为研究

著　　者：	陈陶然
责任编辑：	应韶荃
封面设计：	右序设计
出版发行：	上海社会科学院出版社
	上海顺昌路 622 号　邮编 200025
	电话总机 021 - 63315947　销售热线 021 - 53063735
	http：//www.sassp.cn　E-mail：sassp@sassp.cn
照　　排：	南京理工出版信息技术有限公司
印　　刷：	上海信老印刷厂
开　　本：	720 毫米×1020 毫米　1/16
印　　张：	9.5
字　　数：	164 千
版　　次：	2021 年 9 月第 1 版　2021 年 9 月第 1 次印刷

ISBN 978 - 7 - 5520 - 3692 - 3/F・686　　　　　　　　　　　　定价:60.00 元

版权所有　翻印必究